一年に一度しか会えない

日本の「来訪神」図鑑

国立民族学博物館名誉教授
中牧弘允［監修］
フランそあ根子［著］

青春出版社

【はじめに】

「来訪神《らいほうしん》」と聞いて、すぐにそれが何かわかる人は多くないと思う。

日本には、ナマハゲのようによく知られるものから地域の人しか知らないようなマイナーな神さままで、多くの来訪神が存在する。通常、神さまは神社などに祀《まつ》られていてこちらからお詣《まい》りに行くが、来訪神は神さまの方からやって来てくれる。年に一度、時を定めて神の世界から訪れて幸せをもたらし、人々にもてなされる（一度だけでなく年に数回現れる神さまもいる）。多くは、仮面をつけるなど仮装している。

穏やかな神さまも多いが、中には子どもを手荒くしつけたり、真冬に冷水をかけたり、棒でみみず腫《ば》れができるくらい激しく叩いたり、臭い泥を塗りつけてきたりするスパルタな神さまもいる。傍若無人《ぼうじゃくぶじん》に見えるが、どれも実はその地域の人々を幸せにしようという慈愛に満ちあふれているのだ。神さまの方から愛をふりまきにくる、ある意味、愛すべき昭和のおかんやおばちゃんを彷彿《ほうふつ》とさせるようなお節介で

赤石《あかいし》のアマハゲ（秋田県にかほ市）

登野城結願祭《とのしろきつがんさい》のミルク
（沖縄県石垣市）

あたたかい存在だ。

八年ほど前、私は石垣島の雑貨店で一枚の怪しい絵葉書を目にした。その絵葉書には、丸顔に長い黒髪をたらし、黄色い衣を着て柔和な微笑みを浮かべた布袋《ほてい》さまのようなものの絵が描かれていた。はじめは何かわからなかったが、その後それは沖縄に広く現れるミルクという神さま（来訪神）であると知った。それが来訪神との出会いだった。

その翌年、今度は宮古島で郊外の路上にぽつんと立てられた不思議な看板を見た。看板には「島尻《しまじり》パーントゥ」ということばとともに、何か全身真っ黒で不気味なものの絵が描かれていた。調べてみると、そのパーントゥも神さまだということがわかった。私は一見怪しくて怖いものが実は神さまだという意外性と、長年日本に住みながらその存在を全く知らなかったことに衝撃をうけた。そんなこともあり、すっかり来訪神の魅力に取り憑かれてしまった。来訪神の魅力とは、怪しさ、美しさ、不気味さ、可愛さ、面白さ、怖さ、厳《おごそ》かさ、わけのわからなさ、芸術性を発露しながらも愛に満ちているところではないだろうか。総じてチャーミングなのだ。

多くの来訪神は、その存在をほとんど外に知られることがないまま、その地域の人々を幸せにするために一生懸命働いていた。全国にそんな神さまたちがいて、人々のためにひそかに奔走していたことを思うと、これほど多くの神さまに守られている日本はあらためてすばらしい国だと思う。戦争や自然災害などの不幸は起きてしまうが、私たちの祖先は神を信仰することをやめなかった。そして、大変なことがあってもみごとに復興をとげてきた。私たちと神さまの信頼関係はこれからも続いていくだろう。

さまざまな理由により現在のところ登場を休止中の神さまも多いが、訪れる機会を失っているだけで、神さま自体の存在が消えたわけではないと思う。神の世界で他の仕事をしているかも知れないし、またいつか現れてくれるかも知れない。

この本を読んで、実際に現地に神さまに会いに行くのもよいし、現地に行かなくても行事の動画を見たり、想像をめぐらせたり、色々なかたちで自由にお楽しみいただけたらと思う。

面様《めんさま》（石川県輪島市）

目次

※（　）内は来訪神が登場する行事名

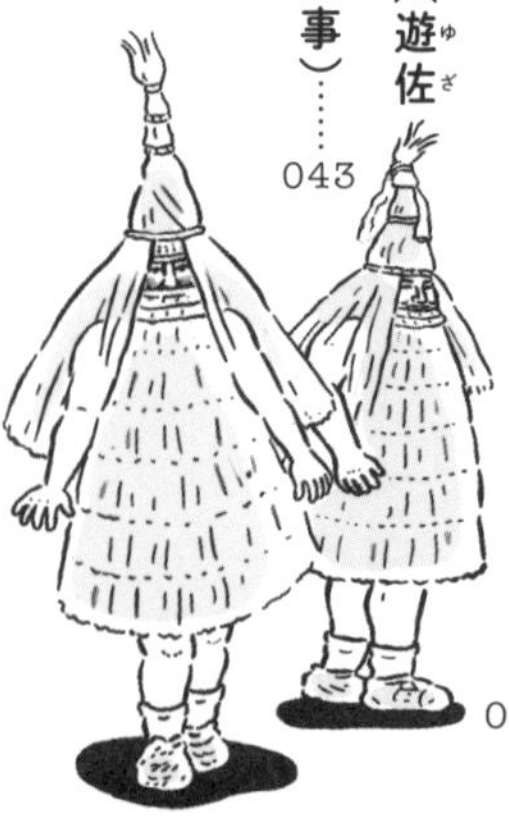

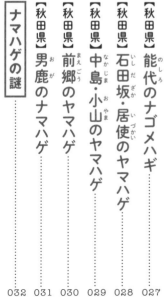

本文デザイン・DTP……郷坪浩子

全国来訪神登場マップ

※（　）内は来訪神が登場する行事名

能代のナゴメハギ
男鹿のナマハゲ
石田坂・居使・小山・中島のヤマハゲ
前郷のヤマハゲ
ヤマハゲ（寺沢の悪魔祓い）
赤石のアマハゲ
にかほのアマノハギ
アマハゲ（遊佐の小正月行事）
アマメハギ
百足獅子（二口熊野社火渡り神事）
大黒天（カパカパと福俵ころがし）
ナモミ
ナゴミ
崎浜のタラジガネ
吉浜のスネカ
米川の水かぶり
火男とおかめ（米川の水かぶり）
加勢鳥
福の神（チャセゴ）
彼岸獅子
獅子（藤川・飯塚の悪魔祓い）
マダラ鬼神（マダラ鬼神祭）
ボウボウサマ（お面入り）
龍神（脚折雨乞）
龍神（水止舞）
大蛇と繋がる神さま（蛇も蚊も）
霜月祭の神々（遠山の霜月祭）
幸法・競馬（新野の雪祭り）
山見鬼・榊鬼・茂吉鬼（花祭）
天狗（西小路天狗祭り）
鬼（椎出鬼の舞）
餅割鬼・尻くじり鬼・一番太郎鬼・赤鬼・姥鬼・呆助鬼・青鬼（古式追儺式）
仮面神（バッケバッケ）
イッサンボー（イッサンサン）
海神（ウンジャミ）…沖縄本島北部から中部
ギレーミチャン（シマノーシ）
パーントゥ（パーントゥ・プナカ）
上野野原のパーントゥ（サティパロウ）
カムラーマ（鳩間島豊年祭）
マユンガナシ（石垣島節祭）
オホホ（西表島節祭）
ウシュマイとンミー（アンガマ）
福禄寿（小浜島結願祭）
フサマラー（波照間島ムシャーマ）
ダートゥーダー（小浜島結願祭）
ミルク、獅子…沖縄全域

※アカマタ・クロマタ・シロマタについては、姿も詳しい出現場所も一切不明な神さまであるため、このマップには掲載しませんでした。

猿田彦
（天狗の火渡り）
田の神さま
（あえのこと）
面様（面様年頭）
能登のアマメハギ
こじき（桶がわ祭り）
あっぽっしゃ
アマメン
摩多羅神
（太秦の牛祭）
ベタ・ソバ・
ショーキ
（尾道ベッチャー祭）
吉兆さん・
番内
トイトイ
稲の精霊
（一人角力）
ホトホト
聖なる来訪者
（もぐら打ち）…九州の各県
ケベス
（ケベス祭）
七福神（七福神来訪）
災払鬼・荒鬼
（修正鬼会）
見島のカセドリ
疫病神（餅勧進）
トビトビ
大王殿（御田植祭）
サンドーラ
（大宝郷の砂打ち）
べちゃ
（べちゃ祭り）
竜神（仁尾竜まつり）
牛鬼（和霊大祭・
宇和島牛鬼まつり）
ひょうたん様
イブクロ
健磐龍命・阿蘇都比咩命
（火振神事）
ハレハレ
トシドン
大ガラッパ（ヨッカブイ）
疫病神・貧乏神
（カセダウチ）
山之口弥五郎
（弥五郎どん祭り）
メン（黒島
大里八朔踊り）
稲積弥五郎
（弥五郎様祭り）
メンドン（硫黄島
八朔太鼓踊り）
メゴスリ
タカメン
（竹島八朔踊り）
ボゼ
トイノカンサマ
岩川弥五郎
（弥五郎どん祭り）

この本について

◆この本に掲載されている神さまは、日本の来訪神の中で、筆者が特に魅力的だと思ったものを独自の選択でとりあげています。日本には他にも数多くの神さまが存在しています。その中の一部を紹介しています。

◆本書のタイトルに「一年に一度しか会えない」とありますが、一人角力《ひとりずもう》の稲の神さま、沖縄の獅子、ミルクなど、一部例外的に年に数回現れる神さまも入っています。

◆研究者による来訪神の定義もさまざまですが、本書には一部、狭義《きょうぎ》、厳密には来訪神の定義からは外れる存在も含まれています。しかし、時を定めて現れ、人々に幸せをもたらす聖なる存在という点は共通しています。

本書のご利用方法／現地に出かける際の注意点

◆お祭りや行事の開催日などについては、それぞれの神さまのページに記載の情報と共に、巻末の「来訪神登場日カレンダー」をご参照ください。

◆この本に記載の行事の開催日や開催場所などの情報は、二〇二三年十二月時点の情報です。もし現地での見学を計画される場合は、その都度、最新の情報を地域の観光案内所や観光協会等に確認するなど、十分にお調べのうえお出かけください。

◆お祭りや行事の中には、観光客を積極的に受け入れるところと、地元の方だけで大切に行い、外部の人の参加を受けつけないところがあります。もし見学を希望される場合は、事前に見学の可否を、地域の観光協会等にお問い合わせいただくようお願いいたします。

◆郊外で行われる行事の場合は、くれぐれも帰りの交通手段の確保を。バスも本数が少ない場合が多く、下手をすると帰れなくなる場合があります。車で往復したり事前に帰りのタクシーを予約するなど、必ず確実に戻れる手段を用意してから現地に向かってください。

北海道・東北地方の来訪神

北国にはナマハゲをはじめ
子どもたちを戒《いまし》める神さまが多い。
荒ぶる神さまから親が
子どもを守ることによって
家族の結束を強める。

子どものしつけはまかせて。
いっしょになまけ者もしばいとくから。

猿《さる》田《た》彦《ひこ》

北海道積丹町《しゃこたんちょう》美国町《びくにちょう》・古平町《ふるびらちょう》

天狗の火渡り

天狗が燃え盛る炎の中を悠々と渡る

積丹町《しゃこたんちょう》の美国神社《びくにじんじゃ》、古平町《ふるびらちょう》の琴平神社《ことひらじんじゃ》・恵比須神社《えびすじんじゃ》に、猿《さる》田《た》彦神《ひこのかみ》が現れる。猿《さる》田《た》彦《ひこ》は神を導く神。天狗の面をつけ朱色の装束を纏《まと》い、三《み》つ巴紋《どもえもん》の幟《のぼり》のついた鉾《ほこ》を持ち、一本《いっぽん》歯《ば》下駄《げた》を履いている。獅子舞とご神体を納めた神輿《みこし》を先導し、町内を巡って火で祓《はら》い清める。火渡りの火柱の高さは三メートルほどになり迫力がある。燃え盛る火の中を天狗面の猿田彦が潜り抜け、獅子舞、奴《やっこ》行列、神輿が後に続く。この行事は、漁業の安全と大漁を願って行われる。

登場日
【美国神社】
7月
5日・6日
（例大祭）

登場日
【琴平神社】
【恵比須神社】
7月
第2土曜日

大黒天《だいこくてん》

青森県田舎館村大根子地区《いなかだてむらおおねこ》

カパカパと福俵《ふくだわら》ころがし

登場日
1月
第1日曜日

俵を転がし福を呼ぶ
子ども大黒天

「カパカパと福俵《ふくだわら》ころがし」は、子どもたちが大黒天や神主に扮して地区内の家をまわる。神主役の子どもがお祓《はら》いをしたあと、大黒天役の子ども二人が家の中で「舞い込んだ、舞い込んだ、舞い込んだ〜」と歌いながら米俵を繰り返し転がす。無病息災、家内安全などを願う行事。また、大根や人参を使って作った「カパカパ人形」を厄年の人のいる家の玄関先に立て掛けて厄除けや五穀豊穣《ごこくほうじょう》を祈願する。このふたつは古くから行われ、もともとは別の行事だった。戦後一時中断されたが、一九七七年に復活して子供会の行事となった。

ナモミ

岩手県久慈市《くじし》・宮古市・山田町《やまだまち》

登場日
1月
中旬

「ナモミ」は、木製の鬼面をつけ「悪いわらす(子ども)はいねがぁー!!」などと大声を上げながらやってくる。久慈市《くじし》のものはかつてNHKの朝ドラマ『あまちゃん』の一シーンに登場し、「秋田のナマハゲに似ていて、地元の人も間違える」と紹介されていた。宮古市には子どもが扮するナモミが現れる。

ナゴミ

岩手県山田町《やまだまち》ほか県内各地

登場日
1月
中旬

「ナゴミ」は般若《はんにゃ》の面をつけて現れる。面には男女があり、手に包丁を持っていないのが特色。地区によっては、床を這《は》って現れるのでかなり怖い。山田町内でも、登場の仕方や持ち物などは地区によって微妙にスタイルが異なる。豊間根《とよまね》には、子ども大黒天も登場。

崎《さき》浜《はま》のタラジガネ

岩手県大《おお》船《ふな》渡《と》市《し》三《さん》陸《りく》町《ちょう》越《お》喜《き》来《らい》崎《さき》浜《はま》

登場日
1月
15日

悪い子や怠け者を叱りに来る「怖いお爺さん」

「崎《さき》浜《はま》のタラジガネ」は、鬼面をつけ、米俵《こめだわら》を体に巻いている。手に短刀や長刀を持ち、低い姿勢で大股に歩きながら家々を訪れる。タラジガネは子どもだけでなく、怠け者やお酒を飲みすぎる大人も叱りに来る。名前の由来は「タラ(俵)」をかぶった「ジガネ(爺《じじい》)」。古くは「ヒガ(カ)タタクリ」とも呼ばれていた。怒って鬼のような表情になったお爺さんを思い浮かべてみると味わい深い。

吉《よし》浜《はま》のスネカ

岩手県大《おお》船《ふな》渡《と》市《し》三《さん》陸《りく》町《ちょう》吉《よし》浜《はま》

獣《けもの》のような虫のような 不思議な顔つきの神さま

旧暦では、正月最初の満月の晩が小正月《こしょうがつ》である。

小正月は古くから、人間を超えた神聖な存在が行き交う特別な時間だと言われている。吉《よし》浜《はま》では小正月の夜、「スネカ」が現れる。

吉浜の家庭では小正月、色彩豊かなミズキ団子を作り、家の中に飾ってお祝いする。そんな穏やかな夜、スネカは突然荒々しく訪れる。家の戸を激しく叩き、腰に下げたアワビの貝殻《かいがら》をガラガラ鳴らしながら「泣くワ

ラシいねえがー！」などと叫び、小刀《こがたな》をふり上げながら脅かす。

スネカは獣とも虫ともつかない不思議な顔つきをしていて、背中に小さな子どもの靴をぶらさげた俵を背負っている。言うことを聞かない子どもをこの中に入れてさらって行くという。

家の人はスネカを丁寧に家に迎え入れるが、子どもたちはたまったものではなく、逃げまわったり泣き叫んだりする。しばらくすると家の人は餅や祝儀《しゅうぎ》をスネカに渡す。

登場日
1月
15日

スネカはそれを受け取ると「良い子にしろ！」「親の言うことを聞けよ！」などと叫びながら帰っていく。スネカは後ろ姿を見せない決まりになっていて、あとずさりしながら玄関の戸を閉めて闇の中に消えていく。

自然の形状を生かした独特の面

スネカの面は、木の根などを材料にして自然の有機的な形を生かして作られる。鬼のようなものの他に牛馬や、象のような長い鼻を持つ面があり、「ケモノ系」と呼ばれる。また虫に似た面は「虫系」と呼ばれる。どの面も独特の重厚な雰囲気を持っている。

この行事は地元で密やかに行われており、現在も外部の人の見学は積極的には受け入れていない。

チャセゴ

福の神

宮城県蔵王《ざおう》町《まち》遠《とお》刈《がっ》田《た》温泉遠刈田

登場日
1月14日

「アキ～の方からチャセゴにきました」

「チャセゴ」は子どもたちが「福の神」となり、地域の家々や施設・商店をまわる古くからの厄落としの行事。「アキの方」とはその年の恵方《えほう》・福の神が住んでいる方角。地域の人は福の神の子どもたちにお菓子を渡して、家の災いをお菓子と一緒に持っていってもらう。

子どもは福の神なので災いはきかないので大丈夫とされ、かれらが訪れた家は幸せになると言われている。

ハロウィンのようにたくさんお菓子をもらえる、子どもにとっても楽しい行事。

米《よね》川《かわ》の水かぶり

宮城県登《と》米《め》市《し》東《とう》和《わ》町《ちょう》米《よね》川《かわ》

古くからの火伏《ひぶせ》の行事

「米川《よねかわ》の水かぶり」は、毎年二月に行われる火伏《ひぶせ》（火難除《かなんよ》け）の行事。水かぶりについての伝承は、神が宿るとされ神の世話を担う役割を持つ「水かぶり宿《やど》」と呼ばれる家だけが代々受け継いでいる。「水かぶり宿」によれば、水かぶりは古くから一度も休まず続けられてきた。水かぶりの一団は、水かぶり宿で支度を整えてから出発し、大慈寺《だいじじ》の秋葉大権現《あきはだいごんげん》に参拝。お神酒《みき》を飲んで神の化身《けしん》となり、町を練り歩いて家々の屋根に桶《おけ》の水をかけて火伏をする。水かぶり役は、地域の人と出身者だけが務めることができる。

厳しい寒さの中の身支度

当日は早朝から町内の若者や厄年の人が「水かぶり宿」に集まり支度する。支度所は屋外の裏庭のような場所で、この時期は氷点下の凍てつくような寒さだが、水かぶり役の人々は裸同然の姿になって身を清める。それぞれ裸の腰と肩に藁《わら》で作った装束《しょうぞく》を身に着け、「あたま」を頭からかぶり、「わっか」で押さえる。特に「あたま」の形には皆こだわりがある。それぞれ鏡を見ながら、顔に火の神さまの印である竈《かまど》の煤《すす》を真っ黒になるほど塗りつけて完成する。

変《へん》化《げ》
支度中の水かぶり
寒さに足がふるえています。
ブル
ブル
この時点では
まだ人間らしい…。
きついです
大変ですねえ
しかし神社でお神酒を飲んだ瞬間!!
ヤッ
(※あくまでもイメージです)
神が
乗ります

顔に煤《すす》を塗りつける水かぶり

手桶《ておけ》の水を家々に勢いよくかけて行く

秋葉大権現《あきはだいごんげん》を参拝後に地区に向かった水かぶりの一団は、奇声を発しながら町中を巡り、家々の前に用意された手桶《ておけ》の水を次々と屋根にかけて行く。

観衆にも水がかかるが、この水には厄除りのご利益があるため多くの人はかえって喜ぶ。水かぶりの一行が通りかかると、人々は水かぶりの装束から藁《わら》を抜きとって家の屋根に投げ入れたり、家に持ち帰り飾って火難《かなん》除《よ》けのお守りにする。また、藁が体にふれると病気除《よ》けになると言われている。

登場日
2月
初午《はつうま》の日

火男《ひょっとこ》とおかめ

宮城県登米《とめ》市《し》東《とう》和《わ》町《ちょう》米《よね》川《かわ》

米《よね》川《かわ》の水かぶり

火の神さまの静かな道行《みちゆ》き

水かぶりの一団とは別に、墨染め僧《そう》衣《い》の火男《ひょっとこ》と天秤棒に手《て》桶《おけ》をかついだおかめが地区内をまわる。火男とおかめは手鐘《しゅしょう》を鳴らしながら路地を歩き、ご祝《しゅう》儀《ぎ》を集める。火男は火の神さまの仮のお姿であり、おかめはその相方で、この形も古くから行われている。この二方も家々に幸せをもたらす来訪神。水かぶり一団の躍動感とは対照的に火男とおかめの行脚《あんぎゃ》も静かな趣があって、つい後を追って歩きたくなる。

能《の》代《しろ》のナゴメハギ

秋田県能代市《のしろし》

※番楽とは、かつて修験道《しゅげんどう》の山伏たちによって行われていた神楽。秋田県と山形県に伝わり、能の形態を残している。

登場日
12月
31日

番楽《ばんがく》の面をつけた雅《みやび》な顔立ちの神さま

「ナゴメハギ」は、手に包丁や斧《おの》を持ち、恐ろしい面をつけた山の神。大晦日《おおみそか》に神社に集まってから家々へ向かう。鈴や鉦《かね》・拍子木《ひょうしぎ》を激しく鳴らしながら「泣ぐワラシ、えねがァ、えぐねーワラシえねがァ（悪い子はいないか）」と大声で叫んで子どもや怠け者を叱る。家の人は丁寧にもてなし、新しい年に災いが無いように願う。ナゴメハギの面は、かつてこの地域で舞われてきた浅内番楽《あさないばんがく》のものが使われている。優美な顔立ちだが独特の迫力がある神さま。

石田坂《いしだざか》のヤマハゲ

秋田県秋田市
豊岩石田坂《とよいわいしだざか》

登場日
1月15日
前後の
土曜か日曜

豊岩《とよいわ》唯一の子どもが扮するヤマハゲも現れる

石田坂《いしだざか》のヤマハゲは、家に到着すると体育の授業で使われるようなステンレスのホイッスルを吹いて知らせる。かつては竹笛を使っていたが、ある時代からホイッスルに変わった。この地域では、子どもたちがヤマハゲに扮して先発隊を務めることが特徴的。この「子どもヤマハゲ」は、現在豊岩ではこの地区のみで行われている。

居使《いづかい》のヤマハゲ

秋田県秋田市
豊岩居使《とよいわいづかい》

登場日
1月15日
前後の
土曜か日曜

先端に丸髷《まるまげ》を作った「ボッチ」をかぶる

居使《いづかい》のヤマハゲは、「ボッチ」と呼ばれる円錐形《えんすいけい》の被り物をかぶっている。ボッチの上部に藁《わら》で丸髷《まるまげ》を作るが、これは少しでも背を高くして子どもへの迫力を増すため。家々に着くと、笹笛を鳴らして到着を知らせる。各戸の玄関でまず吠《ほ》え声を上げ「ヤマハゲ来たど!」などと怒鳴りながら、一気に荒々しく室内へ上がりこむ。

中島《なかじま》のヤマハゲ

秋田県秋田市豊岩中島《とよいわなかじま》

登場日
1月15日
前後の
土曜か日曜

美人に弱いちょっとゲンキンなヤマハゲ

中島のヤマハゲは、山から来ると言われている。「泣く子はいねがー！」「悪いごとせば山さ連れていぐど！」などと声を上げて脅かす。病魔退散、子どものしつけを主な目的にしているが、地区内の美人の姉妹やお嫁さんのいる家には区域からはもちろん、他の地区からも来ることがあったという。

小山《おやま》のヤマハゲ

秋田県秋田市豊岩小山《とよいわおやま》

登場日
1月15日
前後の
土曜か日曜

子どものおもちゃを鳴らして来訪を知らせる

小山《おやま》のヤマハゲは、頭に長い角がついた藁《わら》の「ゲボシ」をかぶる。玄関で戸を激しく叩き、法螺貝《ほらがい》に似た音が出る子どものおもちゃを鳴らして到着を知らせる。昔は竹笛を鳴らしていたが、諸事情により、ある時期からかわりに玩具が使われるようになった。「ウォーッ！　ウォーッ！」とうなり声を上げてから室内に上がる。

登場日
1月15日
前後の
土曜か日曜

前郷《まえごう》のヤマハゲ

秋田県秋田市雄和《ゆうわ》豊岩《とよいわ》前郷《まえごう》

藍染《あいぞめ》の装束を纏《まと》った鬼女《きじょ》

「前郷《まえごう》のヤマハゲ」は、古い木彫りの鬼女の面をつけ「夜衾《よぶすま》」という藍染《あいぞめ》の布で作られたこの地域独特の分厚い装束を身に纏《まと》う。「モグ」と呼ばれる髪は、八郎潟《はちろうがた》で採れた藻《も》。腰には注連縄《しめなわ》を巻いている。音も立てずに家に入り、いきなり「うぉー!!」と大声を上げてから子どもたちに迫る。夜衾と面は重く、モグをかぶれば合わせて三十キロ近くになる。体力を使うので、家々で振る舞われるお酒で力を得て乗り切るという。藍染の装束を粋に着こなす渋くてかっこいい神さま。

男鹿《おが》のナマハゲ

秋田県男鹿《おがし》市全域

登場日
12月
31日

鬼の姿をした歳神《としがみ》

大晦日に男鹿《おが》で行われる「ナマハゲ」は、鬼ではなく鬼の姿をした歳《とし》神《がみ》。地元ではナマハゲは、年の節目にやってくる厄を祓《はら》い無病息災や豊《ほう》漁《りょう》豊《ほう》作《さく》等をもたらす神さま。ナマハゲが手に持っている包丁はナモミ（火《ひ》斑《だこ》）を剥《は》ぐためのもので、剥いだナモミを入れるために桶を持っている。

地元では、親や家族が怖いナマハゲから子どもを守り、家族の結びつきを強めるという面が最も大切だと思われているようだ。

ナマハゲの謎

諸説ある起源

ナマハゲの起源については、山の神さまの使者説、山伏《やまぶし》の修験者《しゅげんじゃ》説、異国からやってきた人々説があるが、詳しいことはわかっていない。

漢の武帝《ぶてい》が男鹿を訪れ、五匹の鬼を毎日のように働かせていたが、正月十五日だけは鬼たちが解き放たれて里を荒らしまわったという伝説があり、これを起源だとする説もある。

ナマハゲはどこから来るか

ナマハゲがどこから来るかは地区によって言い伝えが異なる。男鹿半島西側の真山《しんざん》、もう少し遠くの寒風山《かんぷうざん》から降りてくるという説もあれば、秋田市の太平山《たいへいざん》から八《はち》郎潟《ろうがた》をわたって来るとも言われている。寒風山の山麓には、「鬼の隠れ里」と呼ばれる、まるで鬼の住処《すみか》のように岩が積み重なった地形があり、昔の人は鬼が隠れ住む場所と言い伝えてきた。

最古の紀行スケッチ

ナマハゲは、約二百年以上の歴史を持つと言われている。江戸時代に、博物学者で旅行家であった菅江真澄《すがえますみ》がナマハゲの行事について「男鹿

の島風《しまかぜ》」「牡鹿乃寒《おがのさむ》かぜ」に書き記したのが最初の記録とされている。

「牡鹿乃寒かぜ」には、小刀《こがたな》を持ち、腰から四角い箱を下げたナマハゲの姿が記されている。現在のナマハゲは、出刃包丁は持つが小刀は持たず、箱のようなものも下げていない。また現在とは異なり、鬼面の他にひょっとこのような面をかぶったナマハゲの姿も。ナマハゲの姿も長い歴史を経て変化してきたようだ。

かつて岡本太郎も魅了された。ナマハゲは爆発だ!?

芸術家の岡本太郎もナマハゲに惹かれ、実際に男鹿を訪れてナマハゲを見学してその光景を写真に撮った。岡本はナマハゲについて芸術新潮の「日本再発見——芸術風土記《ふどき》」に寄稿し、「こいつはいい。無邪気でおおらかで、神秘的だ。しかも濃い生活の匂いがする」「底抜け、べラボーな魅力。古い民衆芸術のゆがめられない姿だ」と記した。一九七〇年の日本万国博覧会で公開された「太陽の塔」の地下展示(過去・現在・未来を貫いて流れる根源的エネルギーを表す)には、様々な神像、世界中から集められた面と共にナマハゲの面もあった。

台島《だいしま》
羽立《はだち》
橋本《はしもと》
牧野《まきの》
安全寺《あんぜんじ》

言うごど聞がねわらしはいねがー
福米沢《ふくめざわ》
まめでらがー！
真山《しんざん》
湯本《ゆもと》
相川《あいかわ》
田谷沢《たやざわ》
滝川《たきがわ》

色・素材・表情も多様な面

ナマハゲは一般的に赤鬼や青鬼のイメージが強いが、面の素材や色彩、表情はバラエティに富んでいる。素材は木の他にもブリキ・トタン・和紙など様々なものがあり、色の種類も多く表情も個性がある。現在は各地区ごとに六十種類を超える面があるが、集落によって面や装束、しきたりがそれぞれ全く異なる行事かと思うくらいに異なる特徴を持つのも魅力。

ヤマハゲ

秋田県秋田市雄和《ゆうわ》・寺沢《てらざわ》地区

寺沢《てらざわ》の悪魔祓《はら》い

「悪魔《あくま》祓《はら》い！ 悪魔祓い！」

二柱《ふたはしら》の「ヤマハゲ」が叫びながら地区をまわり厄を祓《はら》う。角が一本のものが雄、二本が雌。面は米俵の蓋《ふた》で、鼻は杉の葉と唐辛子。雄はかつて馬小屋の扉のカンヌキとして使われたという、太い「ませ棒」を持つ。雌は「引き金」と呼ばれる鎖《くさり》状の馬具《ばぐ》を下げ、しゃりしゃりと音を立てて引きずる。ヤマハゲは家々で走りまわって、子どもたちの悪事を叱る。ナマハゲ系の行事で、面から衣装まで全身藁《わら》の神さまはこの地区のヤマハゲのみである。

登場日
1月15日
前後の
土曜か日曜

赤《あか》石《いし》のアマハゲ

秋田県にかほ市金浦《このうら》地区赤石《あかいし》集落

登場日
1月
中旬

顔を墨で真っ黒に塗った子どもの神さま

赤石《あかいし》集落に伝わる「アマハゲ」は、地元の二人の男児が藁蓑《わらみの》を着て顔を墨で真っ黒に塗って務める。顔を珈琲豆《こーひーまめ》のようにツヤツヤと黒光りさせた男児の姿は可愛い。他の子どもたちも、太鼓と鐘を鳴らし「アマハゲの唄」を唄いながら一緒に集落をまわる。アマハゲは家々の神棚の前で飛び跳《は》ねて厄を祓《はら》い、終わると外に飛び出して次の家に向かう。アマハゲが落として行った稲わらを燃やして煙を浴びると、一年間健康に暮らせるという。

にかほのアマノハギ

秋田県にかほ市象潟《きさかた》町《まち》小滝《こだき》・秋田市上新城《かみしんじょう》石名坂《いしなざか》

悪りごとさねが〜!
ぽっぽら杉さ連れでいくぞー!

「ぽっぽら杉」から降りてくる(小滝《こだき》)

にかほ市の「アマノハギ」は、象潟《きさかた》町《まち》小滝《こだき》、上新城《かみしんじょう》石名坂《いしなざか》の二つの集落で行われる。小滝のアマノハギの面は「鳥海山小滝番楽《ちょうかいさんこたきばんがく》」で使用される古い鬼面。布袋を手に持っているが、これは「悪い子を袋に入れて連れていく」ためのもの。アマノハギは家々で「うぉー、金峰神社《きんぼうじんじゃ》からアマノハギ来たぞー!」「ゆうごと聞かねば『ぽっぽら杉』さ連れでいくぞー!」などと大声をあげる。

「ぽっぽら杉」とは、金峰神社の境内にあるご神木。アマノハギは鳥海山、またはぽっぽら杉から降りてくると言われている。

音も立てずに入り、急に脅かす（石名坂《いしなざか》）

石名坂《いしなざか》のアマノハギの面も年代物。小滝の面は無彩色だが、石名坂のものは青や赤などで彩色されている。家々の戸口で来訪を知らせることもなく、音を立てずにいきなり家に入ってくる。そして「うぉー、泣く子はいねがー！」「親の言うこと聞いでるがーー！」などと言って脅かす。

登場日
1月15日
前後の
土曜か日曜

加《か》勢《せ》鳥《どり》

山形県上山市《かみのやまし》

登場日
2月
11日

カッカッカーの
カッカッカー

藁《わら》蓑《みの》姿で踊る癒し系の神さま

「加《か》勢《せ》鳥《どり》」は、商売繁盛や五《ご》穀《こく》豊《ほう》穣《じょう》、火《ひ》伏《ぶせ》を祈願する。地元の若者たちが「ケンダイ」とよばれる藁《わら》蓑《みの》をまとい、加勢鳥に扮する。全身を藁蓑で覆った加勢鳥が飛び跳ねながら踊る姿はとても愛嬌がある。行事は、上山城前の焚き火を

囲んだ演舞から始まる。

焚き火の周りを「カッカッカーのカッカッカー！」と歌いながら輪になって踊る。地元で愛される癒し系の神さまだ。

加勢鳥行列と祝い水

上山城での演舞の後、加勢鳥行列が始まる。人々は踊っている加勢鳥に目掛けて勢いよく冷水を浴びせるが、これは「祝い水」と呼ばれ火伏の意味がある。

奇習 加勢鳥
白いソックスが
可愛い。
参加者に支給
されるらしい
（足を守るため？）

加勢鳥は蓑《みの》の下はほとんどサラシしか身に着けない。厳しい寒さの中の行事は過酷だが、楽しそうに踊り続ける姿は明るくポジティブ。加勢鳥から抜け落ちた藁は縁起物《えんぎもの》で、女の子の頭に結うと黒髪が豊かな美人になると言われている。加勢鳥には地域外の人も扮することができ、近年は国際色も豊かになり海外からの参加者や女性の加勢鳥もいる。外部からは毎年数十人が参加するが、最近は人気で定員を上回ることも多いとのこと。観光客や外国人までが神さまになって加わることができる行事は珍しく、様々な人々を幅広く受け入れる懐の深さも素敵な行事。

アマハゲ

山形県遊佐《ゆざ》町《まち》吹浦《ふくら》地区 女鹿《めが》・滝《たき》ノ《の》浦《うら》・鳥崎《とりざき》

遊佐《ゆざ》の小正月《こしょうがつ》行事

登場日
1月
1日(滝ノ浦)
3日(女鹿)
6日(鳥崎)

三つの集落に伝わる「アマハゲ」

遊佐《ゆざ》町《まち》の「アマハゲ」は、女鹿《めが》・滝《たき》ノ《の》浦《うら》・鳥崎《とりざき》の三つの集落に伝わる。鬼面をつけた神さまが、家々を訪れて新年を祝福する。かつては小正月《こしょうがつ》に行われていたが、現在は一日に滝ノ浦地区、三日に女鹿地区、六日に鳥崎地区で行われている。地元の男性たちが夕方アマハゲに扮して家々を訪れ、主人からお酒などのもてなしを受ける。それぞれの集落のアマハゲの行事はだいたいの内容は同じで似ている点も多いが、面の表情や所作《しょさ》はそれぞれ特色がある。

静かな癒《いや》し系
(滝《たき》ノ《の》浦《うら》)

三柱の赤鬼
(鳥崎《とりざき》)

神さまの種類が多い(女鹿《めが》)

鳥崎《とりざき》のアマハゲ

鳥崎のアマハゲは、三柱現れる。岩倉《いわくら》・笠森《かさもり》・水壺《みずつぼ》という山の名前がついた鬼面を付け、着物の上に藁蓑《わらみの》を幾重《いくえ》にも巻くため肩が大きく盛《も》り上がっている。ナマハゲのように子どもをことばで訓戒はしないが、甲高い声を出しながらぐいっと抱き上げるなどする。

滝ノ浦《たきのうら》のアマハゲ

滝《たき》ノ《の》浦《うら》地区のアマハゲは、頭に丸い帽子のようなものを乗せ、ふわふわした長髪を垂らしている。

女《め》鹿《が》のアマハゲ

女鹿《めが》のアマハゲは、番楽《ばんがく》の面を付けている。「ぎぃぎぃ」という奇声は発するが、基本的に会話はしない。動きや仕草に独特の愛嬌《あいきょう》があり、何か不思議な生き物のようにも見える。

※番楽とは、かつて修験道《しゅげんどう》の山伏たちによって行われていた神楽。秋田県と山形県に伝わり、能の形態を残している。

声は発さず、終始穏やかに行事を行う。他の地域のように鬼ではなく、先祖の霊や精霊のような静かな雰囲気。手を見せてはいけないという決まりがあり、供えられた餅を手が見えないように素早く懐《ふところ》にしまう。

彼《ひ》岸《がん》獅《じ》子《し》

福島県会《あい》津《づ》若《わか》松《まつ》市《し》

登場日
春分の日
（3月20日か21日）

春彼岸に舞う三匹の獅子

会津で春《はる》彼岸《ひがん》の時期に演じられる古式ゆかしい獅子舞《ししまい》。三匹が一組となり、笛と太鼓の音に乗って踊る。祖先の供養として踊るこの獅子も来訪神。市内を練り歩いて五穀豊《ごこくほう》穣《じょう》や家内安全を願う。鳳《ほう》凰《おう》を染めた鮮やかな色の装束《しょうぞく》を纏《まと》い、頭に獅子頭《ししがしら》をかぶる。小太鼓を腰か

ら下げ、両手にバチを持って叩きながら踊るが、佇まいや動きが颯爽《さっそう》としている。舞は全体的に頭を縦に振るなど動きが速く激しいが、しっとりした奥ゆかしさも持つ。日本舞《ぶ》踊《よう》などで取り入れられている「手踊《ておど》り」という指先をきれいに動かす技も入っている。楽と舞に譜《ふ》はなく、技は口伝《くでん》で受け継がれている。最盛期には三十数組が町に繰り出し舞を競い合ったという。現在は四組ほどが登場するが、楽と舞には地域ごとに特色がある。

大河ドラマ『八重の桜』にも出演した神さま

二〇一三年に放映された綾瀬はるか主演のNHK大河ドラマ『八重の桜』に彼岸獅子が登場するシーンがあった。戊辰《ぼしん》戦争の際、小松獅子団が家老・山《やま》川《かわ》大《おお》蔵《くら》率いる兵団の先頭に立ち、包囲された鶴ヶ城へ一兵も失わず入城したという史実が描かれていた。

リアル
山川大蔵

獅子団を先頭にして
踊りながら入城するという奇策。
官軍は虚をつかれて見送り、
攻撃されることなく入城した。
綾瀬はるか
玉山鉄二

関東地方の来訪神

関東地方には知られざる
ユニークな存在も。
よく探してみると、意外な場所で
面白い神さまに出会えるかもしれない。

獅子《しし》

群馬県玉村町《たまむらまち》藤川・飯塚地区

獅子《しし》頭《がしら》で頭を噛み悪霊を追い出す

玉村町《たまむらまち》の藤川・飯塚地区で毎夏行われる「悪魔祓い《あくまっぱらい》」は、子どもが中心になって行う行事。獅子頭《ししがしら》をかぶった子どもを先頭に、太鼓を叩きながら「あくまっぱらい！ あくまっぱらい！」と叫んで地域の家々をまわり、悪霊を追い出す。また、人々の頭を獅子頭で挟み、疫病と災いを祓《はら》う。両地区の獅子頭は、それぞれ少し異なる。藤川地区の獅子頭の目鼻・耳は半紙を丸めて作られ、飯塚地区のものは目鼻は同じように半紙で作るが、耳には枇杷《びわ》の葉をつける。

登場日
7月
24日

藤川・飯塚の悪魔祓い《あくまっぱらい》

ボウボウサマ

茨城県行方市《なめがたし》藤井 香取神社《かとりじんじゃ》

※幣束《へいそく》とは、細長い木や竹の先に、雷光を表した和紙(紙垂《しで》)を挟んだ祭具。お祓いの時などに用いる。

お面入り

能楽面を頭の後ろにかぶる渋い佇まいの神さま

毎年秋に行われる「お面入り」という行事に「ボウボウサマ」は現れる。面は戦国時代から伝わる能楽用の翁《おきな》と嫗《おうな》の夫婦面。面は頭の後ろにかぶるのが正式とされている。幣束《へいそく》を先頭に、続く法螺貝《ほらがい》奏者と共に地区をまわる。この法螺貝の「ボウボウ」という音が名前の由来。ボウボウサマは香取神《かとりじん》社《じゃ》の御祭神である「経津主大神《ふつぬしのおおかみ》」の神威をまとっていると言われ、地区内のすべての家を代参して厄を祓《はら》う。

登場日
10月
第3日曜日

マダラ鬼《き》神《じん》

茨城県桜川市《さくらがわし》　雨引山《あまびきさん》楽法寺《らくほうじ》

インドから来ました
※まるで大物ロックミュージシャンのようなかっこよさ。

マダラ鬼《き》神《じん》祭《さい》

鬼《き》神《じん》と眷《けん》属《ぞく》の五匹の鬼

マダラ鬼《き》神《じん》祭《さい》は、桜川市の雨《あま》引《びき》山《さん》楽《らく》法《ほう》寺《じ》で毎年春に行われる。楽法寺は、延《えん》命《めい》観《かん》世《ぜ》音《おん》菩《ぼ》薩《さつ》が祀られていることから雨引観音とも呼ばれている。「マダラ鬼《き》神《じん》」は、この行事に眷《けん》属《ぞく》の五匹の鬼を従えて現れる。戦国時代、戦火によって寺が焼け落ちた数日後、住職の前にマダラ鬼神が現れ、夜な夜な大勢の鬼を使って七日間で寺を再建したという伝説を元にして行われている。マダラ鬼神は元々はインドにルーツを持ち、中国を経て日本へ伝わったという。華やかで頼もしい雰囲気の神さま。

登場日
4月
第2日曜日

午前十一時頃、法螺貝《ほらがい》の音と共に白馬に乗ったマダラ鬼神が現れる。

百四十五段の石段を一気に駆け上がる光景は絵になる。石段の脇で、多くの観客がカメラやスマホを手に登場を待つ。

続いて、白装束《しろしょうぞく》姿に白・赤・黄・緑・紫の面をつけた五色の鬼が現れる。手に松明《たいまつ》を持ち、統制のとれた動きで階段を登っていく。鬼の後には、稚児《ちご》行列や大名を乗せた輿など長い行列が続く。

↑どことなく
昭和な戦隊ヒーローを
彷彿《ほうふつ》とさせる。
（レインボーマン？）

ババン
ババン
ババン
ババン
ババン
ババン

鬼を迎える儀式・火の舞

マダラ鬼神一団が石段を登ると、境内に設けられた斎場《さいじょう》において火が焚《た》かれ鬼を迎える儀式が行われる。境内の中央にお焚き場が用意され、柴灯護摩《さいとうごま》の周りで読経や太鼓の音に乗って鬼たちが火の舞を演じる。ババンと聞こえる独特の掛け声は密教の真言で「神さまと仏さまを讃えます」といったような意味。

舞が終わると鬼たちは一度引き上げ、住職が護摩祈祷《ごまきとう》を行う。

行事の最後に破魔矢の奉納が行われ鬼たちが境内の回廊に上がり、参詣客に向けて四十九本の矢を放つ。この矢を手に入れた人は、その一年間幸運が約束される。特にマダラ鬼神の放つ矢を受け取った人はかなりの幸運に恵まれるという。

「弓矢のポーズ」
(弓を引くようなしぐさのポーズ)

鬼と和む
ここの鬼は良い鬼なので
行事が終わると人々と楽しく交流します。
写真おねがいします〜。
子供たちと和やかなひととき
こっちむいて〜
パシャパシャ
ピース!
ちょっと遊んだりもします
あはは
(メン!)
(なんちゃって)
鬼神にペットの犬を抱っこしてもらい
犬を抱く鬼
写真を撮る人も。
愛犬の幸せも約束されそうです。

子どもにも人気の鬼

この行事の鬼は、寺の再建を助けた良い鬼なので愛されている。出番が終わった鬼神と鬼は、気軽に観客の写真撮影に応じ、子どもたちと遊ぶなどする。よく見るとけっこう強面《こわもて》なのだが、泣く子は見当たらず平和で和やかな時間が流れていく。楽法寺の延命観世音菩薩は厄除け・延命・子宝・安産のご利益があるといい、癒される空気に満ちている。この行事は毎年桜の季節に行われる。

また境内には鴨や孔雀が放し飼いにされていて、ゆっくり滞在しても楽しい。

※観音さまと交信してみよう!! 優しいよ!

龍《りゅう》神《じん》

埼玉県鶴ヶ島市 白《しら》鬚《ひげ》神《じん》社《じゃ》

脚《すね》折《おり》雨《あま》乞《ごい》

四年に一度現れる龍神

脚折雨乞《すねおりあまごい》は江戸時代から続く雨乞いの行事。四年に一度、夏季オリンピックの行われる年に現れる。長さ約三十六メートル、重さ三トンあまりもある龍蛇《りゅうだ》を作って雨乞いを行う。龍蛇は、孟宗竹《もうそうちく》や麦わらを使って作られ、当日は出発前に白鬚神社《しらひげじんじゃ》の前で入魂の儀により魂が入れられて龍神となる。数百人の男衆が、雷電池《かんだちがいけ》までおよそ二キロの道のりを巨大な龍神を担いで練り歩く。池では龍神を神水と共に池に入れ、「雨降れたんじゃく、ここに懸《か》かれ黒雲」と叫び降雨を祈願する。龍神の解体時、頭部の金色の数珠《じゅず》をはじめ全ての部位を縁起物として人々が奪い合う。

登場日
8月
第1日曜日

大蛇《だいじゃ》と繋がる神さま

神奈川県横浜市鶴見区生麦《なまむぎ》

蛇《じゃ》も蚊《か》も

茅《かや》の大蛇《だいじゃ》を担ぎ悪疫退散

茅《かや》で作った大蛇《だいじゃ》を担いで町を練り歩く蛇《じゃ》も蚊《か》も祭りは、大蛇の頭を家々の玄関や商店の入口に差し入れて悪疫を祓《はら》う。「蛇も蚊も」の名は疫病をもたらす悪霊を封じ込めた「大蛇」と、疫病を媒介する「蚊」を退散させるということが由来。「蛇も蚊も出たけい、日和《ひより》の雨けい」というお囃子《はやし》は「蛇も蚊も出ていったかい。晴天の中、雨は降ったかい」という意味。現在は本宮《もとみや》地区の道念稲荷《どうねんいなり》神社と原地区の生麦神明社《なまむぎしんめいしゃ》の二カ所で行われる。地元の方に話を聞くと、大蛇は神さまそのものではないが、雨乞いの行事でもあるので神さまと縁がない訳ではなく何か繋がりはあるだろうとのことだった。

登場日
6月
第1日曜日

龍《りゅう》神《じん》

東京都大田区大森町

珍しい「雨止め祈願」の行事

「水止舞《みずどめのまい》」は、毎年七月に行われる。かつて大森町地域が大干ばつに見舞われた際、地域のお寺・厳《ごん》正《しょう》寺《じ》の住職が雨が降るように祈願したところ、雨は降った。しかし、今度は降りすぎて数年後に水害になってしまった。そこで住職は、獅子の仮面を三つ作って「水《し》止《し》」と名付け、それを農民に付けて舞わせたところ雨は止んだという。喜んだ

水《みず》止《どめ》舞《のまい》

人々が、「水止舞」を捧げるようになったのがこの行事の始まりであると言われている。

雨乞いの行事は日本全国で見られるが、雨止めを祈願する行事は珍しい。

登場日
7月
第2日曜日

藁《わら》筒《づつ》の中で龍神が法《ほ》螺《ら》貝《がい》を吹き鳴らす

当日、厳正寺近くの路上で、白装束《しろしょうぞく》を着た二人の男性が太い縄で編まれた藁筒《わらづつ》の中に入る。これが龍神だ。龍神は地元の男性たちに担がれ、三十分ほどかけて厳正寺まで「道行《みちゆき》」する。数メートル毎に地面に転がされ、バケツで容赦なく水をかけられるが、龍神はそのたびにボーボーと法螺貝を吹いて喜びを表す。

龍神の後には、獅子舞行列が続く。厳正寺に到着すると、龍神は境内に設けられた舞台の上に運ばれる。龍神は舞台の上に上げられまいと身をよじって抵抗するが、最後には無事に上げられる。

舞台で奉納される水止舞《みずどめのまい》

舞台に上がった龍神は水止《しし》に変身するとされ、ここで縄を解かれる。そして舞台で、笛やささらの音や奉納唄に乗って三匹の水止と花籠《はなかご》による水止舞が奉納される。龍神の厳正寺への道行が雨乞い、水止舞が雨が止まった事への感謝を表す。筆者が見学した年は、雌獅子《めじし》と花籠は地元の女子中学生と女子高生が演じていて、猛暑の中暑そうな装束で一生懸命演じていた。

中部地方の来訪神

中部地方には、
日本らしい優雅さや華やかな
魅力を持った神さまが現れる。
目に見えない田の神さまを
心を込めてもてなす奥ゆかしい行事も。

アマメハギ

新潟県村上市《むらかみし》大栗田《おおくりだ》

新潟県唯一の来訪神

子どもたちが赤獅子・天狗・狐の面をつけ「あーまめはぎましょ、あーまめはぎましょ」と唱えながら列になって歩く。家々を訪れ、包丁で家の人の足の火斑《ひだこ》を剥《は》ぐ仕草をする。子どもたちの声や佇《たたず》まいが愛らしい。

新潟に存在する唯一の来訪神であり、明治時代までは大人がアマメハギを務めていた。過疎化により集落に子どもがいなくなり一度途絶えたが、保存会により復活。他の地区から小中学生を招いて十年ほど行われていたが、現在は残念ながらまた休止されている。

登場日
1月6日
（現在休止中）

百足獅子《むかでじし》

富山県射水市《いみずし》二口熊野社《ふたくちくまのしゃ》

二口熊野社《ふたくちくまのしゃ》火渡り神事

穢《けが》れを炎で焼き清める

秋季大祭《しゅうきたいさい》で行われる二口熊野社《ふたくちくまのしゃ》の火渡り神事に百足獅子《むかでじし》が登場する。神社の入口付近に高く積まれた稲藁《いなわら》に火がつけられ、天狗・三頭の百足獅子・神輿《みこし》が燃え盛る炎の中を駆け抜ける。不動明王に基づく神仏混淆《しんぶつこんこう》の行事で、炎で厄を焼き祓《はら》い穢《けが》れを清める。火柱は二メートルもの高さにもなり、少し離れていても熱いほど。百足獅子は何人もの人が胴幕《どうまく》に入るので体が長く、一気に火の中を駆け抜ける姿は勇壮。

登場日
9月
第1土曜日

能《の》登《と》のアマメハギ

石川県輪島市・鳳珠《ほうす》郡《ぐん》能登町《のとちょう》

新年の賑やかな来訪者

能登《のと》で正月または節分に現れる「アマメハギ」は、新年を無事に迎えるために家々を巡ってお祓《はら》いし、怠け心を叱る。地区によって、装束や所作は少し異なる。輪島市旧門前町《もんぜんまち》皆月《みなづき》地区と五十洲《いぎす》地区では、一月二日に赤い猿面・ガチャ面、天狗面、翁《おきな》と嫗《おうな》の夫婦面がやって来る。ガチャ面とは鼻が潰れているなど目鼻立ちが崩れた面。地元の青年たちが扮して家々でお祓いをし、子どもを脅かす。

また、ツチでノミを叩いて、足の

「アマメ(火斑《ひだこ》)」を剥《は》ぎ取るような仕草をする。異形の神さまが迫ってくる姿は、妖しく迫力がある。

能登町《のとちょう》では、アマメハギは節分の夕方、秋吉《あきよし》・河ケ谷《かがたに》・清真《きよざね》・不動寺《ふどうじ》地区の宮犬《みやいぬ》の四つの集落に現れる。能登町は、四集落とも小鬼が連なって現れる。扮するのは地元の小・中学生で、家の玄関先に着くと「アマメー!」「アマメー!」と言いながら包丁で手桶を叩きながら入り、子どもがいる場合はやはり脅かす。三、四歳くらいのあどけない子鬼もいてとても可愛い。

登場日
1月2日
(輪島市旧門前町皆月地区・五十洲地区)

登場日
節分
(2月2日、3日、または4日)
(能登町/秋吉・河ヶ谷・清真・不動寺地区)

面《めん》様《さま》

石川県輪島市輪《わ》島《じま》崎《ざき》町《まち》（輪《わ》島《じま》前《さき》神《じん》社《じゃ》）・河《かわ》井《い》町《まち》（重《じゅう》蔵《ぞう》神《じん》社《じゃ》）

面《めん》様《さま》年《ねん》頭《とう》

登場日
1月
14日おいで面様
20日おかえり面様
（輪島崎町）
14日年越し面様
（河井町）

家々を訪れて祝福する夫婦神

輪島市で行われる厄除け行事「面《めん》様《さま》年《ねん》頭《とう》」に、男面と女面の夫《め》婦《おと》神《がみ》「面《めん》様《さま》」が現れて氏子の家々を巡る。榊《さかき》の小枝で玄関の戸を叩いて来訪を知らせ、家で主人の年賀の挨拶を受けてから一年の無病息災を祈る。面様は言葉は発さず、終始無言のまま行事を行う。輪《わ》島《じま》崎《ざき》町《まち》では十四日に「おいで面様」、二十日に「おかえり面様」が行われ、河《かわ》井《い》町《まち》では十四日に「年越し面様」の一回が行われる。面様は河井町では神社関係者、輪島崎町では男子小学生が務める。学童らしく装束の裾《すそ》からジャージが覗《のぞ》いていたりするのもなんだか良い。

田の神さま

石川県輪島市・珠洲《すずし》市・穴水町《あなみずまち》・能登町《のとちょう》

あえのこと

登場日
12月5日頃
（お迎え）
2月9日頃
（お送り）

目に見えない神さまを心をこめてもてなす

古くから奥能登《おくのと》地方各地に伝わる「あえのこと」は、稲の成長と五穀豊穣《ごこくほうじょう》を司る田の神さまを、まるでそこに本当にいるかのように心をこめてもてなす行事。「あえ」は饗応《きょうおう》、「こと」はハレの行事を意味する。

十二月初旬、家の主人が田まで神さまを迎えに行き、今年も田を守ってくれた事への感謝の言葉を述べる。そして神さまを縁起が良いと言われるアテ（能登ヒバ）の葉に宿して家まで案内し、お風呂を沸かして一年の疲れを癒してもらう。また、種もみ俵などを置いた神座《しんざ》にご馳走膳《ちそうぜん》を用意する。田の神さまは夫婦神《めおとがみ》であるため、神膳《しんぜん》・盃《さかずき》・箸などは必ず二組ずつ用意する。

田の神さまは稲穂で目を突いてしまった、または長い間田んぼの土の中で働いていたため盲目《もうもく》とされている。目が不自由な神さまにわかるように、お膳のご馳走の内容をひとつひとつ丁寧に説明する。また、家の中を案内する際も足元に十分気を配る。↘

田乃神
※神さまは甘いものが好きなので、おはぎなどの甘味や甘酒も用意する。

神さま、お湯のかげんはいかがですか？

神さまはこのまま家に滞在し、春を迎えるまで家の中で過ごすという。そして翌年、その年の稲の耕作が始まる前の時期の二月九日頃、お風呂を沸かし、お膳を用意してからまた田まで送り出す。日本らしさが感じられる、奥ゆかしくて神秘的な行事。

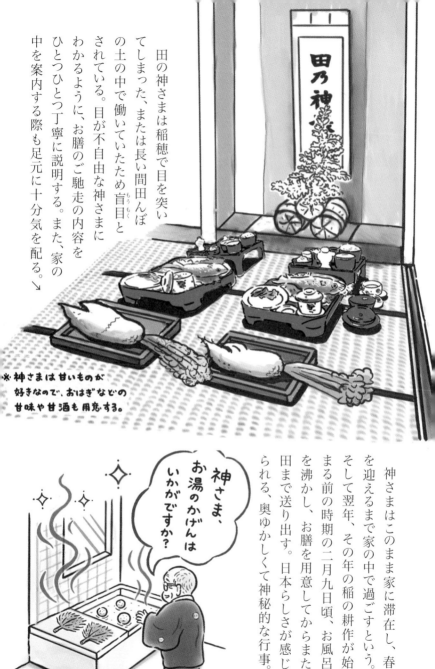

あっぽっしゃ

福井県福井市蒲生町《がもうちょう》・茱崎町《ぐみざきちょう》

登場日
2月初旬
（現在休止中）

海から悪い子をさらいに来る鬼

「あっぽっしゃ」は海からやって来ると言われる赤鬼。髪は海藻でできていて、耳まで裂けた口と鋭い歯を持つ。茶釜の蓋を叩きながら「あっぽっしゃー！あっぽっしゃー！」と声を上げて行儀の悪い子どもをさらおうとする。「あっぽ」は餅を意味し、「餅欲しや」がなまったもの。親はあっぽっしゃに子どもの代わりに餅を渡して帰ってもらう。少子化により現在は休止されている。

アマメン

福井県福井市白浜町《しらはまちょう》

登場日
節分
（2月2日、3日、または4日）
（現在休止中）

地元の中高生が務める鬼神《きじん》

白浜町には「アマメン」が現れる。アマメンは鬼面をつけた藁蓑《わらみの》姿。元々は島根県から伝わった古い行事で、現在は地区の中高生が務める。面は中高生が画用紙に顔を描くなどして手作りしている。集落の家々を訪れ、小さい子どもに「親の言うことを聞いているか」などと大声を上げる。現在は、地域に年少の子どもが減ったため休止されている。

幸《さい》法《ほう》・競《きょう》馬《まん》

新野《にいの》の雪祭り

長野県下伊那郡《しもいなぐん》阿南町《あなんちょう》 伊豆神社《いずじんじゃ》・諏訪神社《すわじんじゃ》

夜通し舞い踊る神の化身

新野《にいの》の雪祭りは、鎌倉時代から伝わる五穀豊穣《ごこくほうじょう》を祈る祭り。伊豆神社と諏訪《すわ》神社を中心として、毎年一月十四日の夜から翌日の朝まで夜もすがら行われる。極寒《ごっかん》の中、田楽《でんがく》、舞楽《ぶがく》、神楽《かぐら》などの伝統芸能が披露される。祭り当日に雪が降ると、その年は豊年になると言われている。「幸法《さいほう》」「競《きょう》馬《まん》」は、この本祭りに現れる代表的な来訪神の二柱《ふたはしら》。「幸法」は、柔和な顔に赤頭巾、長い藁《わら》の冠《かんむり》をかぶっている。冠の先には五穀の入った玉をつけ、松の枝と田うちわを手に持って踊る。

競《きょう》馬《まん》

競馬は、赤い装束を着た舞手二人が白い馬形《うまがた》をつけて舞う。「一の馬」と「二の馬」があり、舞手と先導役と楽の呼吸を合わせて行う舞。本物の馬のような動きをし、舞の中で矢を放つ。

登場日
1月
14日〜15日

霜月祭《しもつきまつり》の神々

長野県下伊那郡上村《しもいなぐんかみむら》・飯田市《いいだし》

遠山《とおやま》の霜月祭《しもつきまつり》

諸国の神々を招いて湯を捧げる

旧暦霜月（新暦十二月）、長野県下伊那郡《しもいなぐん》の遠山地方の各集落で霜月神楽が行われる。霜月神楽とは全国の神々を招き入れる神仏混淆《しんぶつこんこう》の行事で、湯立《ゆだて》を中心とする。

四《よ》面《おもて》
土・水・木・火の面をつけた神々

宮天伯《みやてんぱく》
神社の守り神
水の王（小天狗）
火の王（大天狗）
沸き立った湯を素手でかきまぜて五方に振りかける。

祭場に竈《かまど》と湯釜を据え、湯を沸かしてその周囲で神事や舞を行い、全国の神々を招き湯を捧げる。この時期は冬至に近く日照時間が一年で最も短く、人間の生命力が衰えるためその強化を願って行われる。冬至における生まれ清まりの行事で、豊作豊穣・悪疫退散を祈願し万物の命の再生を願う。祭りは地域ごとに多少の違いはあるが大体の流れは共通する。

本祭始めに「神名帳奉読《じんみょうちょうほうどく》」を行い、日本全国の神々の名前を読み上げて迎える。そして「湯殿流《ゆどのなが》し」で神仏の名を唱えて湯に導いてから「湯召《ゆめ》し」を行う。招かれた神々は湯を召して湯殿で湯に浸かり、その後「式の湯」などの湯立に移る。

祭りの前半と後半の区切りに遠方からお招きした神さまにお帰りいただき、そこからは地域の神さまと人々が交流する内々の祭りになる。神々の面をつけた四《よ》面《おもて》が飛び跳ねて観衆の中へ背中から飛び込み、人々が両手を広げて受け止める。

丑の刻に行われる重要な湯立「鎮めの湯立」では、死者・神霊・森羅万象の全てのものを鎮める。これは、かつて百姓一揆で滅亡したとされる遠山一族の怨霊を鎮める儀式でもある。

最後に火の王・水の王が釜の沸き立った湯を素手でかきまぜ、それを人々に振りかけて聖なる力や生命力を与える。そして「神送り」によって神々を丁寧に神の世界へ送り帰す。

登場日
12月
(開催の地域により異なる)

こじき

岐阜県加《か》茂《も》郡《ぐん》川《かわ》辺《べ》町《ちょう》

桶《おけ》がわ祭り

「こじき」は神さまの使者

登場日
4月
1日

「桶がわ祭り」は、下麻生地区の縣《あがた》神社で毎年四月に行われる。通称「こじき祭り」とも呼ばれるが、この祭りに「こじき」が登場する。言い伝えによれば、昔、この地域が飢饉《ききん》に見舞われたとき、村に住み着いたこじきに食べ物を分け与えたところ、雨が降って豊作に恵まれたという。それ以来、そのこじきは神さまの使者だったとされ、豊作を願う祭りが行われるようになった。現在の祭りは、地域の厄年の者がこじきに扮する。役は志願制。こじきは境内に設けられた斎《さい》場《じょう》のむしろの上に静かに座っているが、地元の人々は立ち止まっては拝んでいく。こじきは時折人々と酒を酌《く》みかわすなどし、ほのぼのとした時間が流れていく。

あくまでも言い伝えではあるが、かなり昔、本物のこじきを招き神事を行っていた時代もあったらしい。その後しばらく藁《わら》製《せい》の人形が置かれ、のちに地元の人がこじきに扮するようになった。厄年の人がこじき役をつとめると、厄が落ちると言われている。

あーどうも。
とくとく
※ほのぼのと酒を酌みかわす
こじきと地元の人

※「こじき」という表現は、今日の人権感覚に照らして不適当と思われる語句ですが、このお祭りの通称でもあるので、ここではこの表現を使わせていただきました。

全体的に穏やかなお祭りだが、午後、急にその静寂が破られる。氏子《うじこ》らが桶に入った二升の赤飯を担いで来て、このこじきの前にひっくり返す「おこわかけ」という神事が行われる。年によっては、おこわをこじきの頭の上からかけることもあるらしい。こじきの前に広げられた赤飯を食べると無病息災、また安産のご利益があるとも言われ、観衆は競って赤飯を取り合う。「桶がわ祭り」の名称は、人々が赤飯を取り合う際に桶の底が壊れて、桶の側面しか残らなかったことが由来と言われる。神さまからご利益をいただくのにもそれなりの逞しさがいるようだ。そんな現世の戦いを、神の世界から穏やかに見守っているようなこじきが神々しい。

こじき祭り
おこわかけ
午後、境内に急に人が増えはじめると、
男衆がこじきの前に桶でおこわを運んできます。
よいしょ
よいしょ
そして、こじきの前に広げられたシートの上に
おこわをいきおいよくぶちまけます。
どしゃ
ワー
まかれたおこわをうばいあう人々
ワー
ワー
おこわはその場で食べます。
(とれた人のみ)
もぐもぐ
いいなー
無病息災などのご利益があるそうです。

人形

山見鬼《やまみおに》・榊鬼《さかきおに》・茂吉鬼《もきちおに》

愛知県北設楽郡《きたしたらぐん》等（奥三河《おくみかわ》）

花祭《はなまつり》

夜通し踊り、鬼たちと遊ぶ

十一月から一月にかけて奥三河《おくみかわ》の各地域で行われる「花祭《はなまつり》」は、神仏を舞庭《まいど》と呼ばれる祭場に招き、人々が神仏である鬼たちと交遊する。神々（鬼）は祭りの期間中ここに降り立ち、祭りを通して参加者は穢《けが》れを祓《はら》い新しい自己に生まれ変わるという。約四十種類にも及ぶ神事や舞が夜を徹して行われ、悪霊祓い・五穀豊穣《ごこくほうじょう》・無病息災を願う。地区内外から多くの人々が集まり、「てーほへてほへ」の掛け声と共に盛り上がる。この祭りに、役鬼《えんき》と呼ばれる山見鬼《やまみおに》・榊鬼《さかきおに》・茂吉《もきち》鬼《おに》の三柱の鬼が登場し舞い踊る。

最初に舞を披露する鬼。強い眼力《がんりき》で悪霊を祓う。釜に足をかけて鉞《まさかり》で山を割る所作で生命の再生を図る。生まれ清まり（太陽の力の復活）を願う重要な役割を担う。

登場日
11月〜1月
（地域により異なる）

榊《さかき》鬼《おに》
鬼の中で最も重要とされる山の主。舞庭《まいど》では榊《さかき》を持って二番目に踊る。足踏みを中心とした舞を演じ、悪霊を踏み鎮める。大地に新しい生命力を吹き込み、五穀豊穣をもたらす。
茂《も》吉《きち》鬼《おに》
※鬼の姿は地区によって微妙に異なります。
祭りの終わり頃、朝方に登場することから朝鬼《あさおに》とも呼ばれる。木槌《きづち》を持って舞うのが特徴。最後に木槌で紙で作られた「蜂の巣」を叩き落とすが、その中身は縁起物の小銭《こぜに》と紙片で、人々が競い合って拾う。

近畿地方の来訪神

近畿地方には個性的な鬼や天狗が現れる。
また、太秦《うずまさ》の牛祭《うしまつり》の「摩多羅神《まだらしん》」のように
何の神さまであるか不明の
謎めいた存在も。

摩《ま》多《だ》羅《ら》神《しん》

京都府京都市右京区太秦《うずまさ》 大酒《おおさけ》神社《じんじゃ》・広隆寺《こうりゅうじ》

太秦《うずまさ》の牛祭《うしまつり》

登場日
10月
10日
（現在休止中）

妖しく謎に満ちた神さま

奇怪な神面《しんめん》をつけ、牛に乗った「摩《ま》多羅神《だらしん》」が太秦《うずまさ》の牛祭《うしまつり》に現れる。赤鬼・青鬼の面をつけた四天王を従え、広隆寺の周辺を練り歩く。摩多羅神は、薬師堂前に設けられた祭壇を三周した後、壇上で祭文《さいもん》を独特の節回しで読む。参詣者たちは、祭文読誦《どくじゅ》の間野次《やじ》を飛ばし、石を投げるなどして妨害する。元々はかつて広隆寺の境内にあった大酒神社《おおさけじんじゃ》の秋の祭礼。祭りの起源や摩多羅神が何の神であるか、また祭文の意味なども一切不明。ミステリアスな行事。

天《てん》狗《ぐ》

大阪府箕面《みのお》市《し》新稲《にいな》 西小路《にししょうじ》八幡《はちまん》太神社《たじんじゃ》

西小路《にししょうじ》天狗《てんぐ》祭《まつ》り

登場日
10月
初旬～中旬の土曜か日曜

天狗のじゃりで叩かれて良い子に育つ

西小路《にししょうじ》八幡《はちまん》太神社《たじんじゃ》の秋季《しゅうき》例大祭《れいたいさい》「西小路《にししょうじ》天狗《てんぐ》祭り」には神さまの化身である天狗や獅子舞が現れる。朝は地域全戸の玄関先で邪気祓《ばら》いをし、夕方から町一帯で子どもたちを追いかけまわしてじゃり（竹の先を細かく割ったもの）で叩く。天狗たちにじゃりで叩かれると邪気や悪魔が祓われ、賢く元気な良い子に育つという。当日は、町内のあちこちが子どもたちの悲鳴や笑い声で賑やかになる。

たたくわよ♥
パン
きゃーっ
ばしっ
きゃっ
子どもによって思い切り叩いたりやさしく手加減したりする。

餅《もち》割《わり》鬼《おに》・尻《しり》くじり鬼・一番太郎鬼・赤鬼・姥《うば》鬼《おに》・呆《ほお》助《すけ》鬼《おに》・青鬼

兵庫県神戸市長田区《ながたく》
長田町《ながたちょう》 長田神社《ながたじんじゃ》

古《こ》式《しき》追《つい》儺《な》式《しき》

節分に現れる七匹の鬼

長田《ながた》神社《じんじゃ》で行われる古式追儺式《こしきついなしき》では、神々の使いである鬼たちが神に代わって災いを祓《はら》う。節分なのに豆を撒かず、参拝者が鬼に顔や頭に触れてもらうことで厄祓いするという穏やかな節分行事。様々な所作を行い舞を演じることで一年間の無病息災、家内安全を願う。ここに登場する鬼は、餅割鬼《もちわりおに》、尻《しり》くじり鬼、一番太郎鬼、赤鬼、姥鬼《うばおに》、呆助鬼《ほおすけおに》、青鬼の七匹。

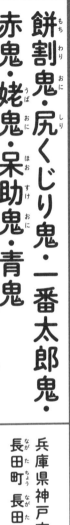

餅割鬼は、序列一番目の最強の鬼。序列二番目は尻くじり鬼、三番目が一番太郎鬼。赤鬼は全身赤い装束、姥鬼は老婆のような面をつけている。全身緑の装束の青鬼は、頭を撫でてもらうと目が良くなると言われ、呆助鬼は恐ろしい表情の面。追儺式が始まると、太鼓や法螺貝《ほらがい》の音に合わせて鬼たちが登場。手に持った松明《たいまつ》の火で災いを焼き尽くし、清々しい年を迎えられるよう舞う。最後に餅割鬼、尻くじり鬼が餅割神事《もちわりしんじ》を行い、餅を斧《おの》で割って行事を締めくくる。

登場日
節分
（2月2日、3日または4日）

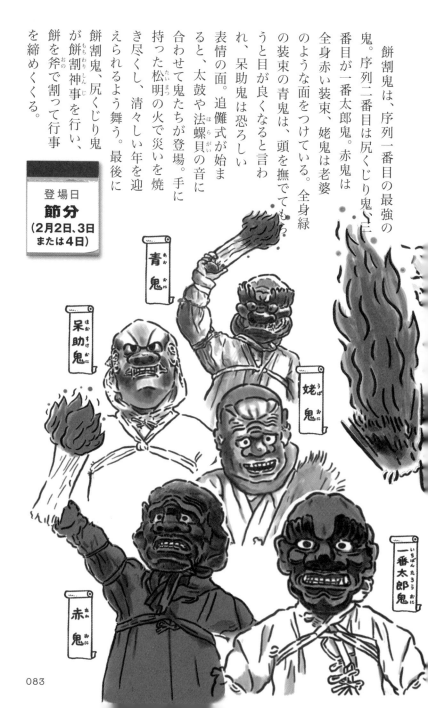

登場日
8月
16日

鬼

和歌山県伊《い》都《と》郡《ぐん》九《く》度《ど》山《やま》町《ちょう》　椎《しい》出《で》厳《いつく》島《しま》神《じん》社《じゃ》

椎《しい》出《で》鬼《おに》の舞

長い棒を持って踊る赤髪の鬼

八月、椎出厳島神社《しいでいつくしまじんじゃ》の境内に赤髪の鬼が現れる。「盆の鬼」とも呼ばれ、十《じゅう》人衆《にんしゅう》の奏でる太鼓や笛に合わせて、約二メートルある長い棒を振りかざしながら日没まで踊る。六百年以上も前から続けられていると言われ、天災地変や災いを追い祓《はら》い地域の人々の安全と五穀豊穣《ごこくほうじょう》を願う。鬼は子どもに近づいて威嚇《いかく》し、子どもたちはその姿を怖がって泣く。この棒に触れた子ども、泣いた子どもは元気に育つと言われ、鬼に子どもの頭を撫でてもらう親も多い。

中国・四国地方の来訪神

中国・四国地方には、
「トイトイ」「ホトホト」など
家々に訪問を知らせる畳語《じょうご》の言葉が
神名や行事名になった
「トタタキ系」の神さまが現れる。

牛《うし》鬼《おに》もいるよ

ベタ・ソバ・ショーキ

広島県尾道《おのみち》市《し》 吉備津彦《きびつひこ》神社《じんじゃ》

尾《おの》道《みち》ベッチャー祭《まつり》

三鬼神《さんきじん》が町を暴れまわる

「ベタ」「ソバ」「ショーキ」の三鬼神《さんきじん》は、尾《おの》道《みち》で行われるベッチャー祭《まつり》に現れる。町中で子どもを追いまわし、祝い棒やささら（竹の先を細かく割ったもの）で頭を叩いたり体を突く。狂言面のベタと白い大蛇《だいじゃ》の能面をつけたソバが祝い棒を持ち、天狗面のショーキがささらを持つ。子どもたちは逃げまわり、叩かれた子は叫び声を上げる。

ささらで頭を叩かれると頭が良くなり、祝い棒で体を突かれると子宝に恵まれたり無病息災で過ごせるとされ、進んで子どもを鬼に叩いてもらう親も。

登場日
11月
3日

トイトイ

山口県山口市
阿東地福《あとうじふく》

登場日
1月
14日

子どもたちが集落の家の玄関先に手作りの藁馬《わらうま》を置いて「トーイ、トイ！」と叫んでから物陰《ものかげ》に隠れる。家の人が藁馬を受け取り、お礼の餅や菓子を籠《かご》の中に入れる。家内安全や無病息災、五穀豊穣《ごこくほうじょう》を祈願する行事。家によっては子どもたちに水をかけるが、もし水がかからずにお菓子を受け取ることができたらその年は良い年になる。島根県飯南町《いいなんちょう》頓原《とんばら》張戸《はりど》にもトロヘイというよく似た行事がある。

トーイ
トイ
ざるなどに手作りのわら馬を入れる。

ホトホト

鳥取県米子市《よなごし》
日野町《ひのまち》菅福《すげふく》

登場日
1月下旬〜
2月上旬

厄年を迎えた人のいる家に、神の使いである「ホトホト」が訪れ厄を祓《はら》う。蓑《みの》笠《かさ》を身に纏《まと》った男性たちが「ホトホト」と唱えながら家々を訪問し、縁起物を届ける。家の人々はお酒や祝儀《しゅうぎ》を渡し、帰り際に冷水を浴びせる。これは、男性たちに厄がつかないようにするためと、水を厄に見立てて厄を持ち帰ってもらうという意味がある。

ホトホト〜
ホトホト〜

吉兆《きっちょう》さん・番内《ばんない》

島根県出雲市《いずもし》大社町《たいしゃちょう》 出雲大社《いづもたいしゃ》

神さまを表す「吉兆幡《きっちょうばん》」

「吉兆幡《きっちょうばん》」は、「歳徳神《としとくじん》」と大きく縫《ぬ》い取りした高さ十メートル・幅一メートル余りもある幟《のぼり》で、吉兆さんと呼ばれる。歳徳神が天下るとされる神籬《ひもろぎ》であり神を表象する。町内の若者たちが出雲大社に集まり、大社神謡《たいしゃしんよう》や笛、囃子《はやし》と共に担ぎ出して町を巡る。新年の喜びと繁栄を祈願する神事。

※神籬＝神道で神事の際に使われる、神を招き降ろす依り代の一種（神霊が寄り付くもの）。

番内

登場日
**1月
3日**

番《ばん》内《ない》は、いかめしい鬼の面を付け、煌《きら》びやかな神楽《かぐら》衣装《いしょう》を着た年男。手に先端を細かく割った青竹を持つ。吉兆《きっちょう》さんを先導して出雲大社へ参じた後は、先《さき》祓《ばら》い役として市内をまわる。氏子の家の玄関で「悪魔《あくまん》祓《ばら》い！」と大声を上げながら青竹で地面を払ったり叩いたりして邪気を祓う。

べちゃ

岡山県倉敷市児島《こじま》塩生《しおなす》
塩生《しおなす》神社《じんじゃ》

べちゃ祭り

登場日
10月下旬の土曜・日曜

秋祭りに天狗の面の神さま「べちゃ」が現れ、子どもたちを追いかけて笹の棒で叩く。叩かれると一年間無病息災で過ごせる、足が速くなるなどと言われている。叩く際は手加減せず、時にはフルスイングの「ケツパン」が見舞われる。みみず腫《ば》れになるほどの強さらしい。当日は、町のあちこちで「痛っ！」という叫び声や笑い声で賑やかになる。

竜神

香川県三豊《みとよ》市《し》仁尾《にお》町《ちょう》

仁尾《にお》竜まつり

登場日
8月
第1土曜日

夏、稲藁《いなわら》と竹で作った巨大な雨乞いの竜神が現れる。全長約三十五メートル、重さは約三トンあり、百人以上の担ぎ手によって町を練り歩く。「そーれ水あぶせ、竜に水あぶせ」の掛け声とともに、観衆が桶《おけ》で次々と水をかけていく「水あぶせ」が行われる。古くから水不足や干ばつに悩まされてきた土地で、水への願いを込めて始められたという。

牛《うし》鬼《おに》

愛媛県宇《う》和《わ》島《じま》市《し》和《わ》霊《れい》町《ちょう》 和《わ》霊《れい》神《じん》社《じゃ》

和《わ》霊《れい》大《たい》祭《さい》・宇《う》和《わ》島《じま》牛《うし》鬼《おに》まつり

鬼のような牛のような姿の悪魔祓《ばら》いの神さま

牛鬼《うしおに》は、和霊神社《われいじんじゃ》の和霊大祭《われいたいさい》に登場する。牛鬼の顔は恐ろしい形相《ぎょうそう》の鬼面で、牛の胴体に剣をかたどった尻尾をつけている。身長は約五～六メートルあり、全身をシュロの毛や、紅白の布などで覆っている。数十人の若者に担がれて神輿《みこし》の先導役を務め、長い首を振りながら練り歩く。子どもたちが竹ぼらをブーブーと吹き鳴らすなか、地区の家々に首を突っ込んで悪魔祓《ばら》いをする。牛鬼には、同じ日程で開催される市のイベント・宇和島牛鬼《うわじまうしおに》まつりの牛鬼パレードでも会える。

※シュロ＝ヤシ科の植物。

登場日
7月22日～24日
和霊大祭、
宇和島牛鬼まつりの日程
3日間のうちそれぞれ
いずれかの1日に登場

稲の精霊

愛媛県今治市《いまばりし》大三島町《おおみしまちょう》宮浦《みやうら》 大山祇神社《おおやまづみじんじゃ》

登場日
6月頃
(旧暦5月5日)
10月頃
(旧暦9月9日)

一人角力《ひとりずもう》

目に見えない稲の精霊と相撲をとる。
ぷるぷる
ぷるぷる
熱演。稲の精霊強し
すってん
力士の負け方(転び方)も自然。熟練の技!

目に見えない稲の精霊と真剣な取り組み

「一人角力《ひとりずもう》」は、大山祇神社《おおやまづみじんじゃ》の旧暦五月五日の御田植《おたう》え祭《まつり》と旧暦九月九日の抜穂祭《ぬきほさい》で奉納される。力士が、目には見えない稲の精霊と真剣に相撲をとる。相撲は三番勝負で、本当に精霊と相撲をとっているかのような熱演に見学者は盛り上がる。時折コミカルな動きに笑いが起きることも。精霊が勝つとその年は豊作になると言われ、例年稲の精霊が二勝一敗で勝利する。

九州・沖縄地方の来訪神

南に行くにつれ、
日本離れした派手さや
個性あふれる存在が増えていく。
悪戯《いたずら》好きな神さまや陽気な神さまも多い。

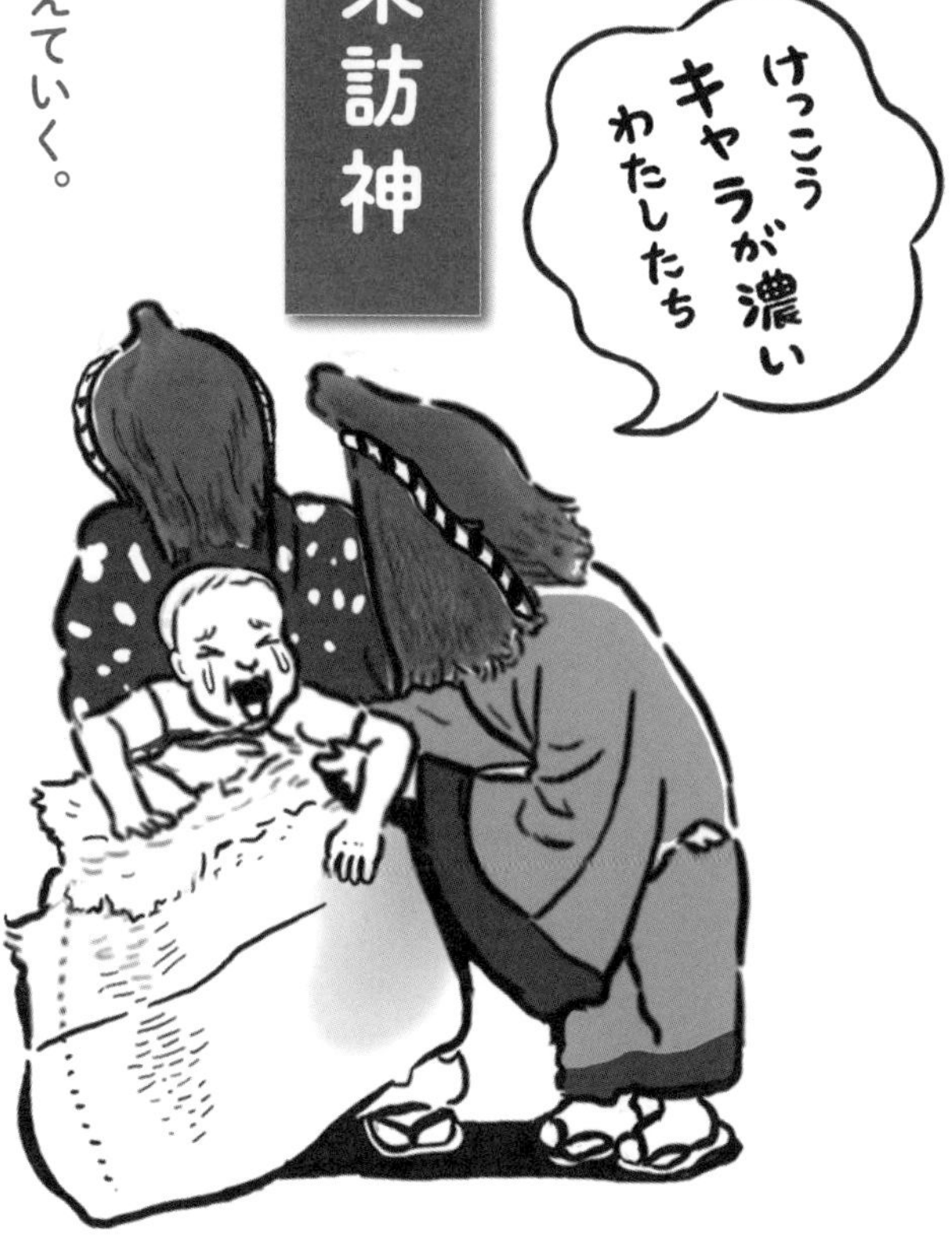

トビトビ

福岡県福岡市早良区《さわらく》石釜《いしがま》

登場日
1月14日に近い土曜日
(現在休止中)

神の使いの子どもたち

夜、神の使いの子どもたち「トビ」が家々をまわる。上部を束ねた藁束《わらたば》をかぶり、家の前で「トービ」と掛け声をかけて到着を知らせる。家の人が出てくると、この一年に男の子が生まれた家にはしめ縄と共に藁の海老《えび》を、女の子が生まれた家には藁の馬を渡す。家の人は去っていくトビに水をかける。

聖なる来訪者

九州の各県

もぐら打ち

登場日
1月14日
(多くは14日、14日前後の土日に行う地域もあり)

もぐらを追い出すような仕草で邪気を祓《はら》う

先端に藁を巻いた竹棒を持った子どもたちが地域を巡り、「もぐら打ちの歌」を歌いながら地面を叩く。このもぐらを追い払うような身振りを行うことで邪気祓《ばら》いをし、五穀豊穣《ごこくほうじょう》を願う。この行事は、福岡県、佐賀県、長崎県、熊本県、大分県、宮崎県、鹿児島県の九州の各県で広く行われている。

登場日
2月
第2土曜日

見《み》島《しま》のカセドリ

佐賀県佐賀市蓮《はす》池《いけ》町《まち》見《み》島《しま》 熊《くま》野《の》神《じん》社《じゃ》

青竹を激しく地面に打ちつけ悪霊を祓《はら》う

毎年小正月に見島《みしま》に現れる雄と雌のつがいの「カセドリ」は神の使者。笠をかぶり顔に白手拭いを巻き、藁蓑《わらみの》、黒手甲《くろてっこう》、脚絆《きゃはん》を身につけている。当日の夜、カセドリは熊野神社に走り込み、先を細かく割った長い青竹を拝殿の床に激しく打ちつける。お神酒《みき》を飲んで所作を終えると、社殿のまわりを三周走ってから鳥居へと駆け戻り家々へ向かう。勢いよく家に走り込み、両膝をつきかがんだ姿勢で居間や玄関の床に青竹を打ちつける。竹の音はガチャガチャと周囲によく響く音で、この音で悪霊が祓《けら》われるとされ、家内安全や五穀豊穣《ごこくほうじょう》を祈願する。

カセドリ行列

熊野神社での行事を終えて家々へ向かうカセドリ行列は、提灯《ちょうちん》二名、カセドリ二柱《ふたはしら》、赤青の天狗面二名、御幣《ごへい》持ち一名、籠担《かごにな》いの少年数名というグループ。籠担いの少年たちは家々で餅を貰い受ける。カセドリ二柱だけでなく、意外に大人数で家々を巡る。

酒を飲むカセドリの顔が見られたら幸せになる

カセドリの顔は頭巾をかぶって隠しているためよく見えない。カセドリには地域の未婚の男性が扮するが、顔を隠すことによって神になるという。カセドリは家々で酒をふるまわれるが、もし酒を飲むカセドリの顔を見ることができたら幸運に恵まれると言われる。家の人はなんとかカセドリに顔を上げさせて顔を見ようと底の深い器《うつわ》を用いたり、子どもたちは下から覗き込んだりする。

七《しち》福《ふく》神《じん》

佐賀県神埼市千代田町姉《さがけんかんざきしちよだちょうあね》

七福神来訪《しちふくじんらいほう》

ちょっと変わった七福神《しちふくじん》がやってくる

七福神《しちふくじん》に扮した人々が家々を訪れる「姉《あね》の七福神」は、一般的な七福神の毘沙門天《びしゃもんてん》・寿老人《じゅろうじん》・福禄寿《ふくろくじゅ》・弁財天《べんざいてん》の代わりに「年徳《としとく》」「じい」「ばあ」「嫁」がいるのが特徴。各自、墨を使って太い眉やひげを描くなど、濃いメイクを施して神さまに変身する。

縁起《えんぎ》の良い口上を述べながら各家庭に上がり謡《うたい》を披露するなどし、賑《にぎ》々《にぎ》しく一年の幸せを願う。

一行は案内役の宰領人《さいどにん》、年徳《としとく》、恵《え》比寿《びす》、大黒天《だいこくてん》、布袋《ほてい》、じい、ばあ、嫁の八人で巡る。どうしてこの構成になったのかは地元の人でもわからないとのこと。

嫁は毎年地元の青年が務めるが、他の神さまは家々で酒やご馳走《ちそう》を楽しむなか嫁はほとんど口にせず口数も少ない。嫁はでしゃばってはいけない、他の人よりたくさん食べてはいけないという昔ながらの厳格な決まりを守っている。時代の変化に合わせ、「嫁」がのびのびと振る舞う日は来るのだろうか……。

登場日
2月
第1日曜日

サンドーラ

長崎県五島《ごとう》市《し》玉之浦《たまのうら》町《まち》大宝《だいほう》 言代主《ことしろぬし》神社《じんじゃ》

大宝《だいほう》郷《ごう》の砂《ずな》打《う》ち

登場日
10月下旬～11月
(旧暦9月28日～9月29日)

激しく砂を打ちつける「砂《ずな》鬼《おに》」

「サンドーラ」は、豊作豊漁を祈願する言代主神社《ことしろぬしじんじゃ》の秋祭りに登場する「砂《ずな》鬼《おに》」。祭りでは猿田彦《さるたひこ》や獅子頭、農民に仮装した人々の行列が町を巡り農作業の様子を表現して豊作を願うが、サンドーラはその行列の最後を歩く。桟俵《さんだわら》(円形の米俵の蓋《ふた》)を頭にかぶり、顔や手足に墨を塗った姿。桟俵がサンドーラの名前の由来になっている。人々や家々にめがけて激しく砂を投げつけたり頭からかけたりするが、これによって厄災や疫病が祓《はら》われると言われている。

ひょうたん様

大分県豊後《ぶんご》大野《おおの》市《し》千《ち》歳《とせ》町《まち》柴山《しばやま》 柴山八幡社《しばやまはちまんしゃ》

「ひょうたん様のお通りだ!」

柴山八幡社《しばやまはちまんしゃ》の霜月祭《しもつきまつ》りに登場する「ひょうたん様」は、派手な緋色《ひいろ》の装束を着て大きなひょうたんを頭に乗せた神の化身。長さ約一・二メートルもある巨大な草鞋《わらじ》を履いているが、草鞋は片足だけで十キロ以上の重さになりとても一人では歩けない。太刀を背負って柴杖をつき、二人の介添《かいぞえ》に支えられて草鞋を紐《ひも》で持ち上げてもらいながらゆっくり歩く。

ひょうたん様は参詣者に首から下げた三升の大ひょうたんからお神酒《みき》をふるまうが、これを飲むと家内安全・無病息災のご利益があるという。ひょうたん様は年交代制だが、選ばれた人には幸運が訪れると言われている。

登場日
12月
第1日曜日

頭のひょうたんに
力の抜けるような顔が
描いてある。

とく
とく

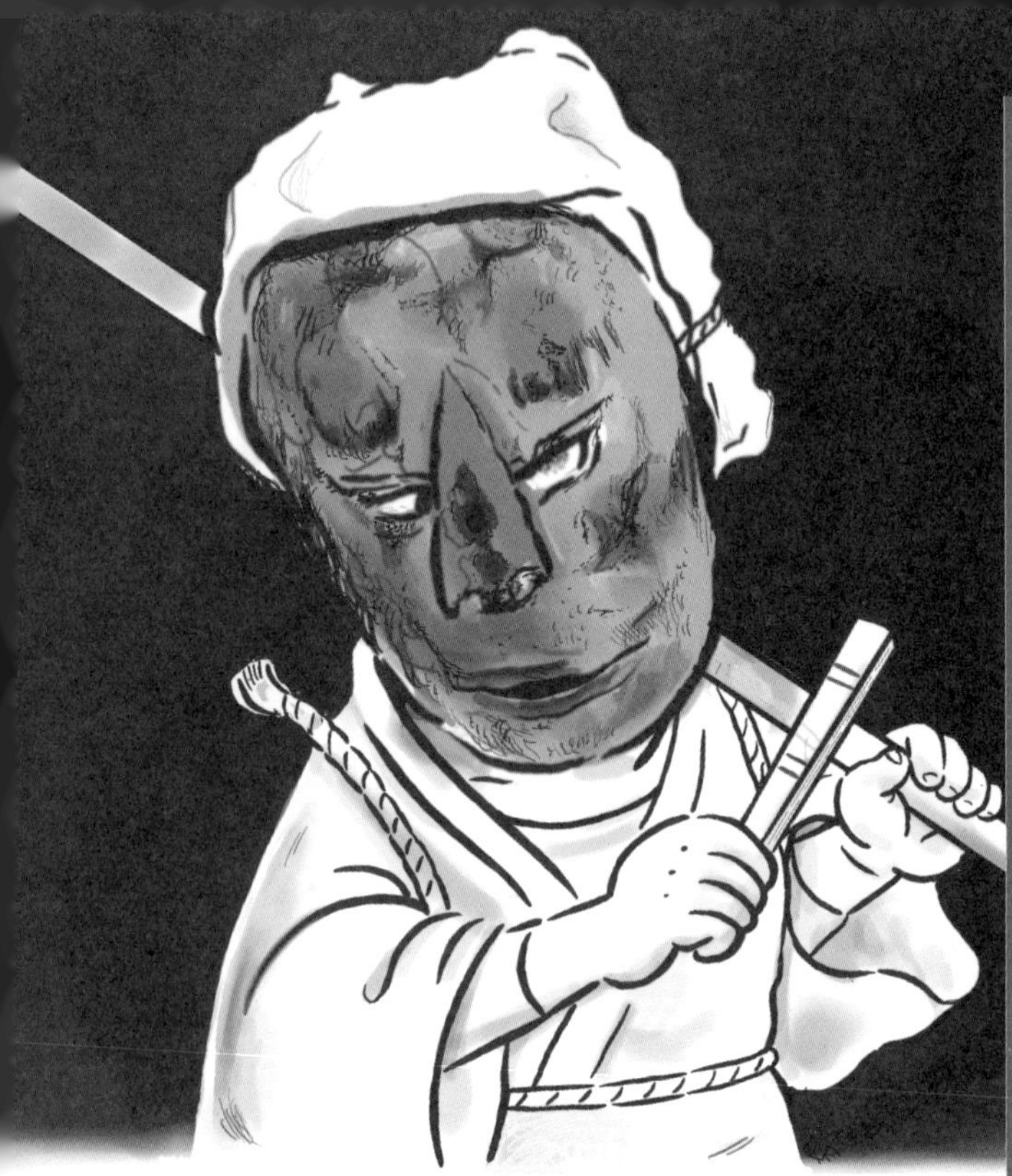

ケベス

大分県国東《くにさき》市《し》国見《くにみ》町《まち》櫛来《くしく》 岩倉《いわくら》八幡《はちまん》社《しゃ》(櫛来《くしく》社《しゃ》)

ケベス祭《まつり》

「ケベス」と「トゥバ」が火を巡り争う

岩倉八幡社《いわくらはちまんしゃ》の火祭りに現れる「ケベス」は、白装束《しろしょうぞく》を身に纏《まと》い独特の迫力を持つ妖《あや》しい木面《もくめん》をつけている。祭りの当日、神主がその年選ばれたケベス役を務める人の背中に「勝」の呪文《じゅもん》を書き、気合いを入れると神が乗り移る。神社の境内《けいだい》に燃え盛るシダの山が設《もう》けられ、ケベスはその山に突入しようとするが、山を守る白装束の「トゥバ」がそれを阻止《そし》しようとし、ケベスと争う。

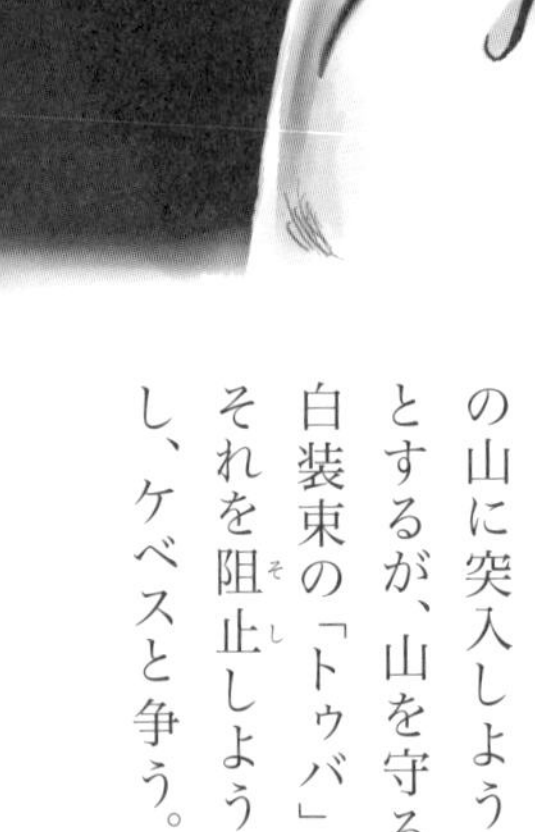

ケベスとトゥバ

ケベスは九回目でようやく山への突入に成功し、棒でシダの山をかき回し火の粉を蹴《け》散《ち》らす。その後、ケベスとトゥバは火のついたシダを刺股《さすまた》に刺して境内《けいだい》を走りまわり、観客に火の粉を振りまく。人々は悲鳴を上げて逃げまわるが、この火の粉を浴びると無《む》病息災《びょうそくさい》のご利益《りやく》があるという。火の勢いはかなり強く、地域の人から、参加する時は燃えやすい化学繊維《かがくせんい》の服は避けた方がよいとアドバイスされるほど。

　ケベスの由来、また何の神さまであるかは一切不明。独特の雰囲気が漂う謎の神さま。

災《さい》払《ばらい》鬼《おに》・荒《あら》鬼《おに》

大分県豊後《ぶんご》高田《たかだ》市《し》長岩屋《ながいわや》 天念寺《てんねんじ》

修《しゅ》正《じょう》鬼《おに》会《え》

登場日
1月下旬
～2月
（旧暦正月7日）

荒《あら》鬼《おに》
災《さい》払《ばらい》鬼《おに》
鬼が
お坊さんに
乗り移ってるの。

鬼を仏の化身として迎える

修正鬼会《しゅじょうおにえ》は、毎年春に行われる神仏混淆《しんぶつこんこう》の鬼の祭り。ここでは鬼を悪しきものとして追い払うのではなく、幸せをもたらす良き存在として迎える。この儀式に災払鬼《さいばらいおに》（赤鬼）・荒鬼《あらおに》（黒鬼）が現れる。二匹は、燃える松明《たいまつ》を持って荒々しく堂内を踊り、五穀豊穣《ごこくほうじょう》や無病息災を祈願する。

この行事は国東《くにさき》市《し》の成仏《じょうぶつ》寺《じ》と岩戸寺《いわとじ》においても毎年交互に行われている。

耳が大きく
ツノがないのが
特徴的。

鬼が僧侶に乗り移る

まず米華《まいけ》、開白《かいびゃく》、香水《こうすい》、四方固《しほうがた》め、鈴鬼《すずおに》など様々な儀式の後に「鬼《おに》招《まね》き」が行われる。鬼役を務めるのは僧侶。まず災払鬼役《さいばらいおに》の僧侶が鬼の姿で登場し、本介錯役《ほんかいしゃく》の僧侶と一緒に飛び跳ねるが、この際に呼吸が合うと鬼が僧侶に依《よ》りつく。

次に荒鬼《あらおに》役の僧侶が現れ、別の僧侶に口に含んだ水を吹きかけられて鬼に化身する。荒鬼は松明《たいまつ》を持って荒々しく舞い、参詣者に無病息災の火の粉を振り掛ける。また、鬼に松明で肩や背中を叩かれる加持祈祷《かじきとう》が行われ、叩かれることで無病息災を願う。叩き方はけっこう強く、痛そうだがご利益がありそうだ。

〈加持祈祷《かじきとう》〉
病気や災難から逃れるために神仏に祈ること。
パン
パマン
ヒィ
こりゃ強いな!!

疫《やく》病《びょう》神《がみ》

宮崎県小林市・えびの市、鹿児島県湧《ゆう》水《すい》町《ちょう》一帯

餅《もっ》勧《かん》進《じん》

派手で賑やかな厄祓《やくばら》いの神さま

宮崎県えびの市では毎年一月十四日の夜、派手に化粧し仮装した厄年の男女が家々にやってくる。これは「餅《もっ》勧《かん》進《じん》」と呼ばれる厄祓《やくばら》いの行事。太鼓や鉦《かね》などの鳴り物を鳴らしながら賑やかに歌い踊ることで無病息災や家内安全を願う。神さまなので家の人と会話はせず、誰が来たかわからないようにするために厚化粧をしている。

登場日
1月
14日

わしも神さま
あたしも♥
ぼくも神さま
部神さま。

家々ではお酒や料理などでもてなすが、実はこの神さまたちは疫病神《やくびょうがみ》。家々を訪れて、帰る時に病を持ち去ることにより、その後家族が健康に過ごせるという。手箒《てぼうき》を持参して家の人に渡すが、これも厄祓いの意味がある。小林市と鹿児島県湧水町《ゆうすいちょう》でも、厄年の男女がやはり奇抜なメイクと仮装で各戸を急襲し賑やかに歌い踊る。家の人は、神さまに焼酎や祝儀を渡して無病息災を願う。神さまだけでなく、なぜか迎える家族も仮装していることがあるらしい。地域の人も心待ちにしている楽しい行事。

山之口弥五郎《やまのくちやごろう》

宮崎県都城市《みやこのじょうし》山之口町《やまのくちちょう》富吉《とみよし》 的野正八幡宮《まとのしょうはちまんぐう》

登場日
11月
3日

弥《や》五《ご》郎《ろう》どん祭り

巨大な健康長寿の神さま

的野正八幡宮《まとのしょうはちまんぐう》で行われる「弥五《やご》郎《ろう》どん祭り」には、伝説の巨人である弥五郎どんの長男・山之口弥《やまのくちや》五郎《ごろう》が登場する。

身長は約三メートルあり白い麻衣を纏《まと》い、顔に朱面《しゅめん》をつけ頭に三叉の鉾《ほこ》、腰に大小の太刀を差している。浜殿下《はまくだ》りと呼ばれる御神《ごしん》幸《こう》行列の先頭に立って子どもたちに守られながら町内を練り歩く。

岩《いわ》川《がわ》弥《や》五《ご》郎《ろう》

鹿児島県曽於市大隅町岩川《そおしおおすみちょういわがわ》
岩川八幡神社《いわがわはちまんじんじゃ》

白い顔に口髭を生やした次男

岩川八幡《いわがわはちまん》の弥五郎《やごろう》どん祭りに出現する次男・岩川弥五郎《いわがわやごろう》は白い顔に口髭をたくわえ、梅染めの茶色い衣を着ている。竹籠《たけかご》で作られ、身長は約五メートルあり巨大な太刀と小刀を腰に差している。浜下り行列の先頭に立って町内を巡る。

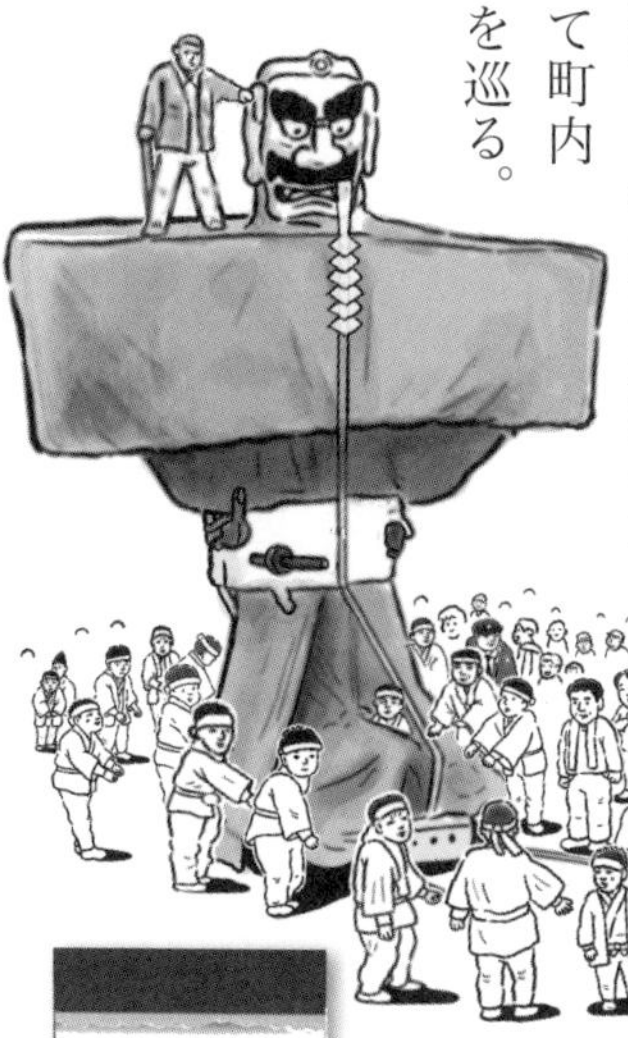

登場日
11月
3日

弥《や》五《ご》郎《ろう》どん祭り

南九州に伝わる弥五郎伝説

南九州には、巨人が登場する多くの「弥五郎伝説」がある。弥五郎どんは、山に腰かけて海の水で顔を洗うほどの大男だといわれる。由来は朝廷に抵抗した隼人《はやと》族《ぞく》の首領、または朝廷の大臣・武内宿禰《たけのうちのすくね》などの説があるがはっきりしたことはわかっていない。主に宮崎県と鹿児島県に伝わり、毎年「弥五郎どん祭り」が厄除けや五穀豊穣《ごこくほうじょう》を願って行われる。宮崎県と鹿児島県に現れる三柱《みはしら》の弥五郎どんは兄弟だと伝えられている。

ハレハレ

宮崎県宮崎市糸《いと》原《ばる》 倉《くら》岡《おか》神《じん》社《じゃ》

登場日
11月13日の前の日曜
（隔年）

全身に蔓《つる》草《くさ》を纏《まと》った紅白の鬼

「ハレハレ」は赤鬼・白鬼の面をつけ、蔓《つる》草《くさ》を全身に巻きつけた鬼《き》神《じん》。二柱《ふたはしら》が倉《くら》岡《おか》神《じん》社《じゃ》のお祭りに現れ、馬に乗った神主や神輿の行列を先導して町を巡る。腰に竹の魚《び》籠《く》をぶら下げ、大きな孟《もう》宗《そう》竹《ちく》をガラガラと大きな音を立てて引きずって歩く。竹の先端部には穴が開いていて、人々が集まりこの穴や魚籠の中にお賽銭を入れていく。ハレハレの名前の語源は、「祓《はら》え、祓え」であると言われている。

イブクロ

宮崎県新富町《しんとみちょう》
新田神社《にゅうたじんじゃ》

登場日
7月
27日・28日

夏祭りに現れる穏やかな神さま

夏祭りに現れる赤と白の夫婦神《めおとがみ》。赤が男神、白が女神。青竹の棒を持ち、カラカラと音を立てて引きずりながら歩く。棒で参詣者や子どもたちの頭や背中や腰を軽く叩いたり撫でたりするが、この棒に触れると無病息災、子孫繁栄などのご利益があるという。強く叩いたり暴れたりしない穏やかな神さま。

メゴスリ

宮崎県串間市《くしまし》
大平《おおひら》

登場日
9月〜
10月上旬
（旧暦8月15日）
（現在休止中）

仲秋の名月とともに現れる鬼神《きじん》

十五夜に現れる赤鬼《あかおに》と青鬼《あおおに》。シュロで編んだ蓑を着て、上から太縄をたすき掛けにしている。額にしめ縄を結び、全体的にゴツゴツと猛々《たけだけ》しい姿をしている。龍の姿に似せた水をもたらす神の化身で、地域の家を訪れて傍若無人《ぼうじゃくぶじん》にふるまうが、家の人は豊作豊穣《ほうじょう》をもたらす守り神として丁寧にもてなす。

※シュロ＝ヤシ科の植物。

健《たけ》磐《いわ》龍命《たつのみこと》・阿《あ》蘇《そ》都《つ》比《ひ》咩《め》命《のみこと》

熊本県阿《あ》蘇《そ》市《し》一《いち》の宮《みや》町《まち》　阿《あ》蘇《そ》神《じん》社《じゃ》

火《ひ》振《ふり》神事

神さまの結婚を祝う炎の輪

阿蘇神社《あそじんじゃ》で行われる五穀豊穣《ごこくほうじょう》を願う神事。農業神である健磐龍命《たけいわたつのみこと》が姫神・阿蘇都比咩命《あそつひめのみこと》を娶《めと》る「御前迎《ごぜむか》え」の儀式が行われる。姫神の御神体である樫《かし》の枝を迎え、参道で氏子たちが縄をつけた茅束《かやたば》に火をつけて振り回す。炎の輪が重なって見える光景は幻想的。

登場日
3月の申の日

大王殿《でおどん》

鹿児島県日置《ひおき》市《し》日吉町《ひよしちょう》日置《ひおき》 日置八幡神社《ひおきはちまんじんじゃ》・鬼丸神社《おにまるじんじゃ》

神事を見守る仮面神

「大王殿《でおどん》」は、日置八幡神社《ひおきはちまんじんじゃ》の御《お》田植祭《たうえまつり》に現れる巨大な仮面神。御田植祭では「せっぺとべ」と呼ばれる日吉町独特の豊作祈願の踊りが奉納される。白襦袢《しろじゅばん》に腰巻き姿の二歳衆と呼ばれる青年たちが田植え前の田に入り、肩を組んで「せっぺとべ」の歌をうたいながら泥だらけになって飛び跳ねる。「せっぺとべ」は「精一杯とべ」という意味で、これにより豊作や田の害虫駆除を願う。高さ約三メートルの大王殿は田のそばに立てられ、この神事を見守る。

疫《やく》病《びょう》神《がみ》・貧《びん》乏《ぼう》神《がみ》

鹿児島県南九州市知《ち》覧《らん》町《ちょう》郡《こおり》

カセダウチ

悪い神さまたちに一風変わったおもてなし

小正月の晩、七福神などに扮した人々が神さまになって新築の家にお祝いにやってくる。一軒の家に何組か訪れ、格好も人数もその都度まちまち。七福神だけでなく犬などの動物、金髪のカツラをかぶり女装したもの、演芸大会風のお面をつけたものなどもいる。一行は神さまなので、普通の言葉では話さない。

家々では神々をもてなすが、座り心地の悪い硬い座布団や薪《たきぎ》の上にゴザを敷いて座らせ、ゲテモノ料理を用意する。ご馳走膳にはオタマジャクシが泳ぐ吸い物やマツボックリ、檜《ひのき》の実の煮豆などの普通はとても食べられないものが並ぶ。なぜ硬い座布団やゲテモノ料理を出すのかというと、この神さまたちは良い神さまのふりをしているが実は疫病神や貧乏神。悪神をもてなしてから厄を一緒に持って帰ってもらいその後一家幸せに過ごす。一見歓待しているようでゲテモノを食べさせたり、お酢の入ったお酒を飲ませたり、神さまをちょっと虐待しているように見えるところが面白い。

登場日
家を新築した後の最初の1月14日
（不定期・新築の家があった時）

大ガラッパ

鹿児島県南さつま市金峰町《きんぼうちょう》 玉手神社《たまてじんじゃ》

ヨッカブイ

子どもたちを水難から守る大河童

大ガラッパ（大河童）は、玉手神社《たまてじんじゃ》で行われる水神祭《すいじんまつ》り「ヨッカブイ」に現れる。頭に不気味なシュロの皮をかぶり、腰に荒縄を巻いた夜具を着る。奇怪な声を上げながら人々を笹の葉でお祓《はら》いし、子どもを追いかけてカマスと呼ばれる藁袋に入れていく。これにより河童から霊力を授かり、子どもたちは水難にあわないという。子どもが扮する子ガラッパも登場し、境内の土俵で相撲を取る。

※シュロ＝ヤシ科の植物。

登場日
8月
22日

稲《いな》積《づみ》弥《や》五《ご》郎《ろう》

宮崎県日《にち》南《なん》市《し》飫《お》肥《び》
田《た》ノ《の》上《うえ》八《はち》幡《まん》神《じん》社《じゃ》

南九州巨人伝説の一番大きい三男

伝説の巨人・弥《や》五《ご》郎《ろう》どんの三男「稲《いな》積《づみ》弥《や》五《ご》郎《ろう》」は、この土地に八幡様のご神体を背負ってきたという。田《た》ノ《の》上《うえ》八《はち》幡《まん》神《じん》社《じゃ》の秋祭りに現れるが、三兄弟の中で一番体が大きく高さは約七メートル。烏《え》帽《ぼ》子《し》をかぶり、朱塗りの面を付ける。弥五郎どんの股下をくぐると、無病息災のご利益があるといわれる。

弥《や》五《ご》郎《ろう》様《さま》祭《まつ》り
登場日
11月
上旬〜中旬
※田ノ上八幡神社境内には少し小さいサイズ(身長約2メートル)の弥五郎様人形が常設されていて、年間を通じて会うことができる。

トシドン

鹿児島県薩摩《さつま》川内市《せんだいし》 下甑島《しもこしきじま》

恐ろしい顔つきに似合わず子ども好きの神さま

「トシドン」は、毎年大晦日に家々を訪れる歳神。普段は天上界に住み、天上から子どもたちの行いや態度を見ているという。鬼のような派手な色の面をつけ、シュロで作られた蓑と黒いマントを着る。太鼓や鉦《かね》を打ち鳴らし、家の戸口で馬の足音をさせて壁を激しく叩きながら「おるか、おるか！ 来て障子を開けぃ！」などと大声を上げる。トシドンは縁側から上半身を乗り出し、ダミ声で子どもたちの日頃の悪い行いを諭《さと》し、良いところは褒めたり励ましたりする。

※シュロ＝ヤシ科の植物。

登場日
12月
31日

おるか

子どもたちが行儀良くすると約束すると、ご褒美として「年《とし》餅《もち》」と呼ばれる丸い大きな餅を与えるが、この餅をもらうことによって子どもたちは無事に一つ年を取ることができるといわれる。

↑「年餅」は背中に乗せて、四つん這いで親の元へ運ぶ。

神さまが乗る「首切れ馬」

トシドンは天上界から付き人を従えて山の上に降り立ち、「首切れ馬」に乗って家々を訪れると言われる。首切れ(首なし)馬は日本各地に伝わる馬の妖怪で、主に四国を中心に伝承されている。首を切り落とされた馬の姿をしており、単独で現れるときと神さまや妖怪の乗り物として現れるときがある。首切れ馬に会うと不吉なことが起きるとされ忌み嫌われる場合が多いが、逆に縁起が良いとする地域もある。トシドンの乗る首切れ馬は畏れ敬われる神聖な存在であるようだ。

メンドン

鹿児島県三島《みしま》村《むら》 薩摩《さつま》硫黄島《いおうじま》

硫黄島《いおうじま》八朔《はっさく》太鼓《たいこ》踊《おど》り

赤い仮面の悪戯《いたずら》好きな神さま

「メンドン」は、毎年薩摩《さつま》硫黄島《いおうじま》で行われる八朔《はっさく》太鼓《たいこ》踊《おど》りの最中に現れる。藁蓑《わらみの》を着て、大きな丸い耳のついた赤い面をつけた悪戯《いたずら》好きの神さま。踊り手の邪魔をしたり女性を追いかけまわし、集落を走りまわって、人々をスッペと呼ばれる神木で叩くなどして暴れまわる。この日のメンドンは天下御免だが、メンドンに叩かれることで厄が祓《はら》われるといわれ、地元ではその登場が楽しみに待たれている。

登場日
8月～9月
(旧暦 8月1日・2日)

多数が連なって現れる

八朔太鼓踊《はっさくたいこおど》りは、熊野《くまの》神社《じんじゃ》に奉納された後に集落の各所を踊ってまわる。鉦叩《かねたた》きと呼ばれる歌い手と色とりどりの旗を背負った十名ほどの若者たちが太鼓を叩きながら踊りを披露。賑やかな踊りの最中、メンドンは突然現れる。メンドンはたくさんいて、その数は決まっていない。一番先に登場する「一番メン」というメンドンの頭《かしら》の他に、「天下御免」と記した紙を

顔に貼った子どものメンドンも現れる。

メンドンは八朔太鼓踊りの両日ともに現れ、傍《ぼう》若無《じゃくぶ》人《じん》に振る舞う。踊りが終わると人々は海岸で鉦や太鼓を打ち鳴らす「タタキだし」を行う。これによって島内の悪霊を海に追い払い、行事は終了する。

メン

鹿児島県三島村《みしまむら》 黒島《くろしま》

すりこぎとシャモジを打ち鳴らしながら踊る神さま

「メン」は、黒島《くろしま》で九月に行われる八朔踊《はっさくおど》りに現れる鬼神《きじん》。メンは妖怪を表す。竹や紙で作られたお面をつけ、シュロの皮で体を覆い腰からひょうたんをぶら下げている。顔つきはさまざまで、天狗や鬼や獣のようなものもいる。

隊を組んで現れ、すりこぎとシャモジを打ち鳴らしながら「メン踊り」を舞い、島の住

黒島《くろしま》大里《おおさと》八朔踊《はっさくおど》り

人の厄を祓《はら》い、子孫繁栄や五穀豊穣《ごこくほうじょう》をもたらす。メンの持っているすりこぎとシャモジに挟まれると、厄が祓われるという。

※シュロ=ヤシ科の植物。

登場日
9月
1日

タカメン

鹿児島県三島村《みしまむら》 竹島《たけしま》

竹島《たけしま》八朔《はっさく》踊《おど》り

登場日
8月
31日

大きな面をつけた仮面神

竹島《たけしま》の「八朔踊《はっさくおど》り」に現れる仮面神。大きな耳を持つ高さ約一メートルの大きく派手な色の面をつけている。名前の由来は面が高く頭頂が尖っている、または鷹に似せているためと言われている。鉦《かね》や太鼓の音に合わせて踊り、手に持った柴で人々を叩いて厄祓いし子孫繁栄や五穀豊《ごこくほう》穣《じょう》を祈願する。

トイノカンサマ

鹿児島県屋《や》久《く》島《しま》町《ちょう》宮《みや》之《の》浦《うら》地《ち》区《く》

登場日
12月
31日
（現在休止中）

全身真っ白な歳神

「トイノカンサマ」は屋久島の歳神で、大晦日に宮《みや》之《の》浦《うら》岳《だけ》から降りてくると言われる。頭に白いシャグマをかぶり顔は白塗り、白装束を纏《まと》った全身真っ白な姿。手に長刀《ちょうとう》を持ち、言うことを聞かない子を入れて山に連れていくための籠を背負っている。家々を訪れ、壁や一斗缶を叩き大きな音を立てる。子どもたちを戒め、良い子になる誓いと引き換えに「歳《とし》」をひとつ与える。

ボゼ

鹿児島県十島《とし》村《むら》 悪石島《あくせきじま》

南国的ルックスの傍若無人《ぼうじゃくぶじん》な神さま

「ボゼ」は、悪石島《あくせきじま》の盆の最終日に現れる。大きな耳のついた仮面をかぶり、ビロウの葉の腰巻きを巻き、手にはボゼマラと呼ばれる長い棒を持ったエキゾチックな姿。ボゼはテラと呼ばれる拝所《はいじょ》から出発し、太鼓の音に導かれて登場。そして主に女性や子どもを追いかけてボゼマラの先端につけた赤い泥水、アカシュをなすりつけようとする。人々は悲鳴をあげて逃げまわるが、アカシュをつけられた人は厄災が祓《はら》われて健康になり女性は子宝に恵まれるという。

※ビロウ＝ヤシ科の常緑高木。

登場日
8月～9月上旬
(旧暦7月16日)

強烈さで邪気を祓《はら》う

ボゼは悪魔祓《ばら》い、厄除けのために始められたと言われる。地元の三人の男性が扮するが、面を作るところと誰がボゼを務めるかは明かされない。面には赤土と墨が塗りつけられているが、行事が終わった後、裏山でバラバラに壊され人目につかないようにして捨てられる。強烈なインパクトを持つ神さまだが、そのパワーで地域と人々の邪気を祓い幸せをもたらす。

三種類の姿を持つボゼ

三柱《みはしら》のボゼは、それぞれ少し姿が異なる。一番大きく頭が尖っているものがヒラボゼ、羽釜《はがま》を逆さにしたような丸い形の頭をしているものをハガマボゼ、体が一番小さいものはサガシボゼと呼ばれている。通常ボゼは三柱現れるが、年によっては四柱《よはしら》現れることもあり、それを見ることができた人は幸運だと言われている。

仮面神

鹿児島県
加計呂麻島《かけろまじま》 芝集落《しばしゅうらく》

バッケバッケ

登場日
9月～10月上旬
（豊年祭前日）

加計呂麻島のハロウィン

「バッケバッケ」は加計呂麻島《かけろまじま》の豊年祭前夜に行われる行事。ここに子どもたちが扮する仮面神が現れる。クバの葉で作った仮面と腰蓑をつけて仮装した子どもたちは、島太鼓の音に先導されて「バッケバッケ」と歌い踊りながら家々を訪れ住人からお菓子などをもらう。

※クバ＝ヤシ科の常緑高木。

イッサンボー

鹿児島県
徳之島《とくのしま》 伊仙町《いせんちょう》

イッサンサン

登場日
8月～9月
（参加の子どもの予定に合わせ、夏休みの終わり頃に行うことが多い）

案山子《かかし》の姿の豊作を呼ぶ神さま

「イッサンボー」は、徳之島《とくのしま》で行われる行事・イッサンサンに現れる案山子《かかし》の姿をした豊作祈願の神。身長は約二メートルあり、麦わら帽子をかぶっている。子どもたちが先導し、チタン（太鼓）の音と共に「イッサンサンの歌」を歌いながら家々を訪れ豊穣《ほうじょう》を願う。イッサンボーは家々の庭先で左右に飛び跳ねて踊る。

海《うみ》神《がみ》

沖縄県沖縄本島北部から中部

ウンジャミ

海から迎える神

ウンジャミ、海神祭《うみがみまつ》りは沖縄本島北部から中部で行われる海神《うみがみ》を迎える儀式。北部・中部諸地域と近い離島でも行われる。

集落に設けられた祭場で、祝女（ノロ）と呼ばれる女性祭司《さいし》たちが行事を行う。海神は行事の間ノロに憑依する。ノロは神歌《かみうた》を歌ったり船を漕いだりする所作を行い、その年の豊作豊漁《ほうさくほうりょう》を願う。

登場日
8月〜9月上旬
（沖縄の旧盆・旧暦7月13日〜15日の後の亥の日に行われることが多い）

ギレーミチャン

沖縄県渡《と》名《な》喜《き》島《じま》

二年に一度訪れる島神

「ギレーミチャン」は渡名喜島《となきじま》で隔年で行われる最大の祭祀《さいし》・シマノーシに現れる。蔓草《つるくさ》で作られた神冠《かみこうぶり》をかぶった豊穣をもたらす島神。

シマノーシでは豊作、航海の安全など島の生活にかかわることを祈願する。神さまはカミンチュと呼ばれる神人に乗り移り、地域の人はお神酒を作り、酒食《しゅしょく》を供してもてなす。そして祭祀最終日の明け方、神送りの儀式によって海の彼方に送り出す。

シマノーシ

登場日
5月〜6月頃
（旧暦4月15日〜5月1日）

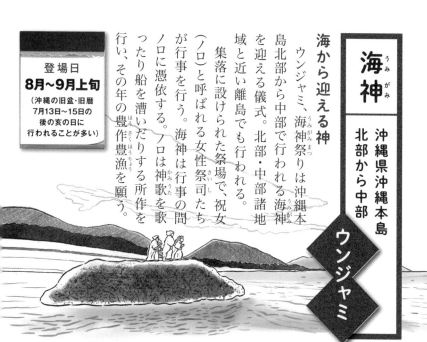

上野野原《うえののばる》のパーントゥ

沖縄県宮古島市上野野原《うえののばる》

サティパロウ

子どもが扮する「パーントゥ」

宮古島の上野野原《うえののばる》では、サティパロウ（里祓《さとばら》い）の行事の際「パーントゥ」が現れる。上野野原では、平良島尻《ひららしまじり》のパーントゥとは違い、特別な扮装をしたり臭い泥を塗ることはない。子どもがパーントゥの面をつけ、蔓草《つるくさ》などの植物で体を飾った女性たちと一緒に集落をまわって厄祓《ばら》いをする。

一行は太鼓や法螺貝《ほらがい》の音と共に、「ホーイ、ホーイ」と掛け声を上げながら歩く。辻では女性たちがパーントゥ役の子どもを囲んで円になり、「ウルウルウルウルウルウルウルウル」という独特の声で唱える所作を行う。

登場日
1月〜2月
（旧暦12月
最後の丑の日）

パーントゥ

沖縄県宮古島市平良《ひらら》島《しま》尻《じり》

パーントゥ・プナカ

指をくわえているように見えますが、くわえているのではなく、面を手でささえています。
ファパーントゥ
ウヤパーントゥ
ナカパーントゥ

泥だらけの厄祓《ばら》いの神さま

「パーントゥ」は、平良島尻《ひららしまじり》のパーントゥ・プナカという祭祀《さいし》に現れる。パーントゥは化け物や妖怪という意味だが、古くから地下他界から訪れて人々に幸せを運ぶ神さまとして愛されている。杖を持ち、全身をキャーンと呼ばれる蔓草で覆い、その上から真っ黒に泥を塗りつけている。パーントゥは人々に臭い泥を塗ってまわるが、泥を塗られることで厄が祓《はら》われるという。行事にはウヤ（親）パーントゥ、ナカ（中）パーントゥ、ファ（子）パーントゥの三柱《みはしら》が現れるが、ウヤパーントゥが最も厳《おごそ》かな表情をしている。

登場日
10月頃
（旧暦
9月吉日）

おどろおどろしいのに癒される

当日、三柱《みはしら》のパーントゥは集落の老若男女《ろうにゃくなんにょ》、地元の人だけでなく観光客や外国人も分け隔てなく泥を塗っていく。また家の壁や車、警備の警官やパトカーも泥まみれにする。厄祓《ばら》いの泥なので喜ぶ人の方が多く、進んで塗られに行く人も。体力がありそうな若い男性には馬乗りになるなど手荒く、お年寄りには丁寧に、赤ちゃんには優しく塗るなど相手によって加減する。不気味な姿をしているが心優しい神さまである。

喧騒は日が落ちて夜になるまで続く。この行事は二日間にわたって行われる。人々の悲鳴や子どもの泣き声がこだまし、泥は冷たく強烈な臭さだというのに、なぜかほのぼのとあたたかい空気に満ちていて癒される。

会えるかどうかはご縁次第

この行事は地域の人のために大切に行われ、大勢の観光客が来るのを避けるため、行事の直前にならないとその日程が告知されない。運とご縁があればタイミングが合い、神さまに会えるかも知れない。

神さまが誕生する井戸

パーントゥの泥は、ンマリガー（生まれ井戸）と呼ばれる神聖な井戸から汲む。かつては、ここで新生児や死者の遺体を清めたという。パーントゥはこの井戸で生まれるとされている。泥はハーブを腐敗させたような独特の強い臭気を放つが、その臭さで厄を祓《はら》うと言われている。匂いは強烈で、泥が付いた服は洗濯してもしばらく匂いが取れないほど。ちなみに、ンマリガーは行事の日以外は中に入って見学することができる。暗く、鬱《うつ》蒼《そう》として静かなところだ。

面が流れついた神聖な浜

昔、集落に近いクバマという浜に、クバの葉に包まれた二枚のパーントゥの面が流れついたという。その面が、集落に幸せをもたらすものとして大切にされたことがこの行事の始まりとされる。クバマは人も少なくひっそりとしているが、どこか神秘的な雰囲気を持った美しい浜である。

※クバ＝ヤシ科の常緑高木。

パーントゥ見学記

当日、私はンマリガーの手前で待機していた。ンマリガーの中でパーントゥの支度が行われるが、この様子は関係者以外は見ることが許されない。ンマリガーの数百メートル手前で地元の人や観光客、報道関係者やカメラマンなどが遠巻きに見守る。

　しばらく待っていると、前方に三柱《みはしら》のパーントゥが見えた。初めはゆっくり歩いていたが、近くまで来ると急に走り出し、私の向かいの青年の顔に正面から激しく叩きつけるように泥を塗りつけた。青年は、「くつせー!!」と叫びながら笑っていた。パーントゥは私の方を向くと、なぜかおばちゃんのような口調で「逃げたらダメよ」と言った。神さまは会話をしないはずなのだが、驚いている暇もなく私も泥まみれになっていた。

この奥に
「ンマリガー」が
ある。

　パーントゥは人々に手当たり次第に泥を塗りつけると、そのまま集落の方へ向かっていった。私は、「逃げたらダメよ」という言葉になぜか深い含蓄を感じて泥の冷たさと臭さを忘れて感動していた。

だだだだ
逃げたらダメよ。
しゃべった…。
しかもなぜか
おばちゃん口調…。

マユンガナシ

沖縄県石垣市川平《かびら》

石《いし》垣《がき》島《じま》節《し》祭《ち》

豊穣の世界から訪れる歳神

石垣島では旧暦九月に年の節目を祝う節祭《しち》が行われるが、マユンガナシはその初日に現れる豊穣をもたらす神。真世（マユ）という豊穣の世界から来ると言われている。クバの笠をかぶって白い頬かむりをし、クバの蓑を身に纏《まと》う。

その夜、マユンガナシは二人一組で暗闇の中から静かに姿を表し、夜遅くまで家々をまわる。編籠《あみかご》を持ち、杖をついてゆっくりと歩き、各戸でカンフツ（神言）と呼ばれる祝言《ほぎごと》を唱え豊作を願う。

川平で昔、海で難破した旅人が現れて村人に助けを求めた。すると、ある貧しい家がその旅人を家に招き、みすぼらしい家を恥じながらも手厚くもてなした。

※クバ＝ヤシ科の常緑高木。

この旅人は実は神さま（マユンガナシ）で、その後その家は福を授かって栄えたという故事が行事の由来となっている。訪問先の家では酒や祝膳を用意してもてなす。マユンガナシは地元の青年たちが扮するが、神さまなので人間の言葉は話さない。行事が終わるまで一切の会話を禁じられ、家の人々の問いかけにも「んふ～ん」という独特の裏声で答える。家を出る際は、背中を見せずに後ろ歩きで庭に出て次の家に向かう。

石垣島ではマユンガナシを迎えることで新しい年を迎えることができるとされる。地域で大切に行われている行事で、残念ながら現在、外部の人の見学は難しい。

登場日
10月頃
（旧暦9月吉日 石垣島川平の節祭の初日）

ミルク

沖縄県　沖縄本島と周辺離島・八重山地方

登場日
（地域や行事によって様々）

海の彼方から幸せと五穀の実りを運ぶ神さま

ミルクは海の彼方にあると言われる理想郷・ニライカナイから豊作豊穣を運んでくる神さま。豊穣をもたらす五穀の種子を積んだ船に乗ってくるとされる。現れる時期は地域によって異なるが、八重山地方では豊年祭《ほうねんさい》、結願《きつがん》祭《さい》、節祭《しち》、種子《たね》取祭《とりまつり》などに現れる。八重山一帯の行事では、ミルクは白い仮面をつけて黄色い衣を纏《まと》い、右手に軍配《ぐんばい》、左手に杖や瓢《ひさご》を持ってミルク行列の先頭に立つ。ミルク節の演奏に合わせ、五穀の種子が入った籠などを持つお供を引き連れ、軍配を振りながらゆっくりと歩く。

ミルクは宮古島を除く沖縄全域、沖縄本島南部、北部、中部と周辺離島、八重山に広く登場するが、八重山地方が圧倒的に多い。ミルクは八重山の全ての離島に現れる。

ミルクは弥勒《みろく》

「ミルク」は弥勒《みろく》で、それが訛《なま》ってミルクとなった。しかしミルクの面は弥勒菩薩より布袋に似ている。昔、沖縄に中国の布袋和尚を弥勒菩薩の化生《けしょう》とする弥勒信仰が伝わった際、それにニライカナイ信仰が結びつきミルク信仰になったと言われる。

地域による様々な姿

ミルクの姿は地域によって異なる。八重山地方のミルクは顔立ちや表情が島によって微妙に違いがあるものの白塗りの面をつけ、黄色い衣を着て手に軍配《ぐんばい》を持つという大体の姿は共通する。

沖縄本島及び周辺離島のミルクは、面が肌色やピンク色のところもあり、印象はかなり違う。また衣も青、赤、オレンジなど黄色以外のさまざまな色がある。

地域によって面の顔立ちや表情の印象は異なる。若々しく凛々しい面や優しく柔和な面、また老人のような渋い表情のものも。ミルクは大半が微笑んでいるような表情だが、笑わずに口を結び、厳しい表情をしているところもある。

ミルク世果報《ゆがふ》とは

八重山地方でよく目にする言葉「ミルク世果報《ゆがふ》」は、ミルクがもたらすとされる理想の豊穣の世界、ユートピアを意味する。「世」は沖縄の言葉で「ユー」と読み、世界と言う意味。かつてはあった神さまが治める理想的で平和で豊かな世の中を表す。小浜島には有名な「小浜節」という民謡があるが、これはミルク世果報を讃えた歌で、その旋律は美しいがどこか哀愁を帯びている。

地元の守り神的な存在

ミルクは地域で敬われ、生活に自然に溶け込んでいる。守り神的な存在で、家の壁にミルクの面をかけて家を守ってもらい、日常的なお願い事もする。ミルクの面は、家のどこから見ても不思議と目が合っているような気がするらしい。祭りや行事にミルクが登場すると、周囲にほのぼのとした安心感が広がる。

十二年に一度現れる八重山最古のミルク

石垣島の登野城《とのしろ》のミルクは、十二年に一度寅年に現れ、八重山で最も古いと言われる。面も古く、戦前より使われており、重厚な雰囲気がただよう。

カムラーマ

沖縄県八重山郡
竹富町《たけとみちょう》鳩間島《はとまじま》

鳩間島《はとまじま》豊年祭《ほうねんさい》

黄色い衣を着た豊作を司どる神さま

「カムラーマ」は鳩間島《はとまじま》豊年祭《ほうねんさい》二日目の奉納芸能の際に登場する。豊作や子孫繁栄の神さまで、鳩間島だけに現れる。黄色い衣を着て杖とクバの扇を持ち、子どもたちと輪になって踊る。

※クバ＝ヤシ科の常緑高木。

登場日
7月下旬
鳩間島豊年祭の中日(2日目)

福禄寿《ふくるくじゅ》

沖縄県八重山郡
竹富町《たけとみちょう》小浜島《こはまじま》

小浜島《こはまじま》結願祭《きつがんさい》

小浜島に現れるミルクによく似た神さま

「福禄寿《ふくるくじゅ》」は、小浜島《こはまじま》の結願祭《きつがんさい》にミルクと共に現れる。ミルクと似ているが別の神さまで、表情や持ち物が微妙に異なる。小浜島のミルクは、島の北地区の神さまで若々しい顔立ち。福禄寿は南地区の神さまで杖をつき、老賢者のような深みのある表情をしている。

※結願祭＝神さまに願いをかけて叶った後に行われる、総まとめと感謝の儀礼。

登場日
10月～11月
小浜島結願祭の中日(2日目)

ウシュマイとンミー

沖縄県石垣市 石垣島

アンガマ

登場日
8月〜9月上旬
（沖縄の旧盆・旧暦7月13日〜15日の3日間）

ウシュマイ　ンミー

※クバ＝ヤシ科の常緑高木。

旧盆にあの世から訪れる精霊《せいれい》

石垣島では旧盆（ソーロン）に、あの世から使者が現れて家々で先祖の霊を供養する。ウシュマイとンミーは翁《おきな》と媼《おうな》の夫婦神《めおとがみ》。百歳まで仲よく天寿を全うした夫婦の霊で、精霊の代表。幸せな人生を終えて亡くなり、お盆に揃ってご機嫌で帰ってくる。木彫りの面をつけて頬かむりをし、クバで作られた扇を持っている。夫婦神は後ろに花笠をかぶった数十人の踊り手を引き連れてまわるが、これは花子（ファーマー）と呼ばれ、ウシュマイとンミーの子孫とされている。花子たちは手拭いで頬かむりをしサングラスをかけている。どこかアバンギャルドで一度見たら忘れられないような姿の精霊である。

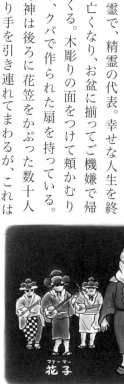

花子には地元青年会の男女が扮するが、言葉は発さず頬かむり等で顔を隠していることがあの世から来たことを表している。

家の主人に招かれて家に上がったウシュマイとンミーは、まず仏壇に線香を上げた後に甲高《かんだか》い声で念仏を唱える。その後、夫婦神と花子がかわるがわる三線《さんしん》や太鼓の音に乗って歌い踊る。舞が終わると、人々はウシュマイとンミーにあの世について質問する。子どもから大人まで様々な質問をするが、ウシュマイとンミーはどんな問いにも裏声を使ってユーモラスに答えていく。例えば「どうしたら足がもっと速くなるか(小学生)」「ウシュマイはなぜ歯が一本しかないのか」「あの世の三大珍味は何か」など。

しばらく座が笑いと和やかな空気に包まれた後、一行はまた三線や太鼓の音と共に次の家へ向かう。この舞と問答によって、先祖の霊を供養し子

孫繁栄と豊作を祈る。

地元青年会が中心となり行う

アンガマは、石垣島のその地区ごとの青年会が中心になって行っている。青年会によって踊りや雰囲気に特色がある。

行事日程は当日、八重山毎日新聞朝刊の紙面で告知され、旧盆の三日間、介護施設や保育園などの様々な施設や個人宅で行われる。希望する場合は依頼して来てもらうようだ。新聞には行われる家の氏名と住所まで記載されており、個人宅なので本当に見せてもらって構わないか躊躇するが、現地に足を運べば観光客でも見学することができる。初めは驚くが、行事が行われる家の庭に入らせていただいて見学できる。

とはいえ、地元で長年大切にしている行事なので、やはりそれなりの心構えと気遣いは必要。和やかな雰囲気に満ちた心温まる行事。

ダートゥーダー

沖縄県八重山郡竹富町《たけとみちょう》 小浜島《こはまじま》

小浜島結願祭《こはまじまきつがんさい》

奇妙すぎて姿を消していた謎の仮面神

「ダートゥーダー」は小浜島結願祭《こはまじまきつがんさい》に現れる仮面神。黒い天狗の面をつけ、黒ずくめの装束に金太郎のような前掛けをしている。鴉天狗《からすてんぐ》をモデルにしていると言われ、奉納芸能の舞台に四柱《よはしら》が現れ、組体操のような奇抜な動きをする。神さまの由来も所作の意味も全く不明。かつて長らく登場を中止されていたが、地元の人から見ても全てが意味不明すぎたため、話し合いの結果やめることになったという。

二〇〇一年に七十五年ぶりに復活を遂げたが現れるのは稀で、地元の方によれば本当にたまにしか出ないとのこと。その年の登場の可否は長老が話し合いで決めるが、その基準はわからないそうだ。もし会うことができたら奇跡レベルのレアな神さま。

登場日
10月～11月
小浜島結願祭の中日(2日目)

※結願祭＝神さまに願いをかけて叶った後に行われる、総まとめと感謝の儀礼。

オホホ

沖縄県八重山郡竹《たけ》富《とみ》町《ちょう》 西表島《いりおもてじま》

登場日
10月〜11月
西表島節祭の中日(2日目)

西表島《いりおもてじま》節祭《しち》

異国風の陽気な神さま

「オホホ」は西表島《いりおもてじま》の五穀豊穣《ごこくほうじょう》を祈願する節祭《しち》に登場する。お笑い芸人のニセ外国人のような鼻高の仮面をつけ、異国風の衣装を纏《まと》いブーツを履く。「オホホー、オホホー」と奇声を上げながら腰を振ったり、作りものの札束を見せびらかし、女性にちょっかいを出すなど様々なおかしな動きをして笑いを誘う。

一説にはオホホは昔、島に流れついたオランダ人がモデルになっていると言われている。調子のいい外国人のような明るいキャラクターの神さまだ。

獅子

沖縄県全域

獅子舞の獅子も来訪神

沖縄の獅子と獅子舞は、十五世紀に獅子神《ししがみ》信仰と共に中国から伝わった。獅子は百獣の王であることからその力が崇拝され、獅子によって厄災が祓《はら》われるとされる。獅子舞の獅子も来訪神で、頭や体を噛《か》まれることにより厄祓いになる。二人が一柱の獅子を演じ、本物の動物のような滑らかで生き生きとした動きをする。フサフサした長い毛は芭蕉《ばしょう》や麻の繊維《せんい》で作られる。獅子が小さな子どもを口から飲み込んでお腹から出す地域も。この所作をすることによりその子どもは丈夫に育つと言われ、子孫繁栄と無病息災を願う。

登場日
様々な祭りや
行事に登場

※イラストは
あくまでも
イメージです。
（見た人も姿を
語らない。）

アカマタ・クロマタ・シロマタ

沖縄県八重山諸島

正体不明で謎だらけの神さま

登場日
不明

八重山地方の西表島《いりおもてじま》、小浜島《こはまじま》、新《あら》城島《ぐすくじま》、石垣島に現れる豊年をもたらす神さまだが、その姿は謎に包まれている。「アカマタ」は男神で「クロマタ」は女神だと言われ、西表島のみ「シロマタ」が存在する。この行事は秘祭で、行事内容や神さまたちの姿は外部の人間には公開されていない。一説によれば体は大きく、全身を蔓《つる》草《くさ》やバナナの葉で覆い不気味な面をつけているが、詳しい正体はわからない神さま。

フサマラー

沖縄県八重山郡竹富町《たけとみちょう》 波照間島《はてるまじま》

登場日
8月～9月上旬
沖縄の旧盆(旧暦7月13日～15日)に行われる波照間島ムシャーマの中日(2日目)

波照間島《はてるまじま》ムシャーマ

全身を蔓草《つるくさ》で覆った雨乞いの神さま

「フサマラー」は、波照間島《はてるまじま》のムシャーマに登場する。ミチサネーと呼ばれる仮装行列に現れ、瓢箪《ひょうたん》で作られた面で顔を覆い、全身にヘチマの蔓草《つるくさ》を巻きつけている。

日本最南端の有人島である波照間島は水が貴重で、年間を通じて雨乞いの行事が行われてきた。フサマラーは雨降らしの神さまで、かつては島の雨乞い行事「アメニゲー」の際に現れた。フサマラーは「フサマラー山」と呼ばれる山から現れるとされ、島中の拝所《はいじょ》や井戸をまわって豊かな雨を約束したと伝えられている。

※ムシャーマ＝豊年豊漁《ほうねんほうりょう》と先祖供養を祈るお盆行事。

来訪神登場日カレンダー

1月

◆アマハゲ（遊佐の小正月行事）……1月1日（滝ノ浦）、3日（女鹿）、6日（鳥崎）
◆能登のアマメハギ（輪島市旧門前町皆月地区・五十洲地区）……1月2日
◆吉兆さん・番内……1月3日
◆アマメハギ（新潟県）……1月6日（現在休止中）
◆大黒天（カパカパと福俵ころがし）……1月第1日曜
◆福の神（チャセゴ）……1月14日
◆幸法・競馬（新野の雪祭り）……1月14日～15日
◆面様（面様年頭）……1月14日 おいで面様（輪島崎町）1月20日おかえり面様（輪島崎町）
……1月14日年越し面様（河井町）
◆トイトイ……1月14日
◆トビトビ……1月14日に近い土曜（現在休止中）
◆聖なる来訪者（もぐら打ち）……1月14日（多くは14日、14日前後の土日に行う地域もあり）
◆疫病神・貧乏神（カセダウチ）……家を新築した後の最初の1月14日（不定期 新築の家があった時）
◆疫病神（餅勧進）……1月14日
◆吉浜のスネカ……1月15日
◆崎浜のタラジガネ……1月15日
◆石田坂のヤマハゲ……1月15日前後の土曜か日曜
◆居使のヤマハゲ……1月15日前後の土曜か日曜
◆中島のヤマハゲ……1月15日前後の土曜か日曜
◆小山のヤマハゲ……1月15日前後の土曜か日曜
◆前郷のヤマハゲ……1月15日前後の土曜か日曜
◆ヤマハゲ（寺沢の悪魔祓い）……1月15日前後の土曜か日曜
◆にかほのアマノハギ……1月15日前後の土曜か日曜
◆ナモミ……1月中旬
◆ナゴミ……1月中旬
◆赤石のアマハゲ……1月中旬
◆ホトホト……1月下旬～2月上旬
◆災払鬼・荒鬼（修正鬼会）……1月下旬～2月（旧暦正月7日）
◆上野野原のパーントゥ（サティパロウ）……1月～2月（旧暦12月最後の丑の日）

2月

◆あっぽっしゃ……2月初旬（現在休止中）
◆能登のアマメハギ（能登町／秋吉・河ケ谷・清真・不動寺地区）……節分（2月2日、3日、または4日）
◆アマメン……節分（2月2日、3日、または4日）（現在休止中）
◆餅割鬼・尻くじり鬼・一番太郎鬼・赤鬼・姥鬼・呆助鬼・青鬼（古式追儺式）……節分（2月2日、3日、または4日）
◆米川の水かぶり……2月初午の日
◆火男とおかめ（米川の水かぶり）……2月初午の日
◆加勢鳥……2月11日
◆見島のカセドリ……2月第2土曜
◆七福神（七福神来訪）……2月第1日曜

3月

◆健磐龍命・阿蘇都比咩命（火振神事）……3月（3月の申の日）
◆彼岸獅子……春分の日（3月20日か21日）

4月

◆こじき（桶がわ祭り）……4月1日
◆マダラ鬼神（マダラ鬼神祭）……4月第2日曜

5月

◆ギレーミチャン（シマノーシ）……5月～6月頃（旧暦4月15日～5月1日）

6月

◆大蛇と繋がる神さま（蛇も蚊も）……6月第1日曜
◆稲の精霊（一人角力）……6月頃（旧暦5月5日）
◆大王殿（御田植祭）……6月第1日曜（旧暦5月6日）

7月

◆猿田彦（天狗の火渡り）……●琴平神社：7月第2土曜 ●美国神社：7月5日・6日（例大祭） ●恵比須神社：7月第2土曜

◆龍神（水止舞）……7月第2日曜
◆牛鬼（和霊大祭・宇和島牛鬼まつり）……7月22日〜24日
（和霊大祭・宇和島牛鬼まつり日程3日間のうちそれぞれいずれかの1日に登場）
◆獅子（藤川・飯塚の悪魔祓い）……7月24日
◆イブクロ……7月27日・28日
◆カムラーマ（鳩間島豊年祭）……7月下旬（鳩間島豊年祭の中日／2日目）

8月

◆メンドン（硫黄島八朔太鼓踊り）……8月〜9月（旧暦8月1日・2日）
◆竜神（仁尾竜まつり）……8月第1土曜
◆龍神（脚折雨乞）……8月第1日曜
◆ボゼ……8月〜9月上旬（旧暦7月16日）
◆鬼（椎出鬼の舞）……8月16日
◆大ガラッパ（ヨッカブイ）……8月22日
◆タカメン（竹島八朔踊り）……8月31日
◆イッサンボー（イッサンサン）……8月〜9月
（参加の子どもの予定に合わせ、夏休みの終わり頃に行うことが多い）
◆海神（ウンジャミ）……8月〜9月上旬
（沖縄の旧盆・旧暦7月13日〜15日の後の亥の日に行われることが多い）
◆ウシュマイとンミー（アンガマ）……8月〜9月上旬（沖縄の旧盆・旧暦7月13日〜15日の3日間）
◆フサマラー（波照間島ムシャーマ）……8月〜9月上旬
沖縄の旧盆（旧暦7月13日〜15日）に行われる波照間島ムシャーマの中日（2日目）

9月

◆メン（黒島大里八朔踊り）……9月1日
◆百足獅子（二口熊野社 火渡り神事）……9月第1土曜
◆メゴスリ……9月〜10月上旬（旧暦8月15日）（現在休止中）
◆仮面神（バッケバッケ）……9月〜10月上旬（豊年祭前日）

10月

◆天狗（西小路天狗祭り）……10月初旬〜中旬の土曜か日曜
◆稲の精霊（一人角力）……10月頃（旧暦9月9日）
◆摩多羅神（太秦の牛祭）……10月10日（現在休止中）
◆ボウボウサマ（お面入り）……10月第3日曜
◆パーントゥ（パーントゥ・プナカ）……10月頃（旧暦9月吉日）
◆マユンガナシ（石垣島節祭）……10月頃（旧暦9月吉日 石垣島川平の節祭の初日）
◆ケベス（ケベス祭）……10月14日
◆べちゃ（べちゃ祭り）……10月下旬の土曜・日曜
◆オホホ（西表島節祭）……10月〜11月 西表島節祭の中日（2日目）
◆サンドーラ（大宝郷の砂打ち）……10月下旬〜11月（旧暦9月28日〜9月29日）
◆福禄寿（小浜島結願祭）……10月〜11月小浜島結願祭の中日（2日目）
◆ダートゥーダー（小浜島結願祭）……10月〜11月 小浜島結願祭の中日（2日目）

11月

◆ベタ・ソバ・ショーキ（尾道ベッチャー祭）……11月3日
◆山之口弥五郎（弥五郎どん祭り）……11月3日
◆岩川弥五郎（弥五郎どん祭り）……11月3日
◆稲積弥五郎（弥五郎様祭り）……11月上旬〜中旬
◆山見鬼・榊鬼・茂吉鬼（花祭）……11月〜1月（地域により異なる）
◆ハレハレ……11月13日の前の日曜（隔年）

12月

◆ひょうたん様……12月第1日曜
◆田の神さま（あえのこと）……12月5日頃（お迎え）2月9日頃（お送り）
◆霜月祭の神々（遠山の霜月祭）……12月（開催の地域により異なる）
◆能代のナゴメハギ……12月31日
◆男鹿のナマハゲ……12月31日
◆トシドン……12月31日
◆トイノカンサマ……12月31日（現在休止中）

※沖縄の獅子、ミルクは登場回数が多いため、
またアカマタ・クロマタ・シロマタは登場日が不明のため、
このカレンダーには記載しませんでした。

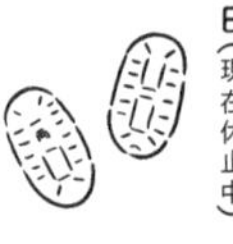

【監修のことば】

国立民族学博物館名誉教授　中《なか》牧《まき》弘《ひろ》允《ちか》

日本列島には来訪神があちこちに出現する。海の彼方から、山の奥から、時には天の上や地の底からやってくる。しかも異様な格好をしている。おどろおどろしい面をかぶり、樹皮や藁束で身を覆い、手には杖や棒を取り、草鞋《わらじ》や下駄《げた》を履いている。また、単独のこともあれば、夫婦の場合もあり、群れをなしていることも稀ではない。くわえて、奇声を発したり、裏声で喋ったりするかとおもえば、笛や太鼓に合わせて踊ったりもする。来訪神は時や所を選んで姿をあらわすこともあれば、部外者には知らされないこともある。節目の年中行事である小正月やお盆の時期はとりわけ好まれている。それらは言うまでもなく旧暦では満月のころであり、足元が明るいからであろうか。また異形の仮面や仮装にしても月光のほうが幻想的で、かえって映えるからかもしれない。

来訪神は人が変身した姿をとるとは限らない。人形の場合もあるからだ。人形も巨人であったり、動物に似たものであったり、いろいろだ。この世ならざる存在は誇張され、強調されるのが常である。空想がここではモノをいう。想像力なくしては成立しえない世界なのである。来訪神にはこの世の掟は通用しない。乱暴狼藉《ろうぜき》がゆるされ、土足で畳に上がったり、問答無用で顔に泥を塗ったりすることなど、平気の平左である。子どもを脅そうが、女性を叩こうが、咎《とが》められることはない。なぜなら、それは躾《しつけ》や妊娠に関わっているからだ。多産や豊作は歓迎すべきことであり、そこに行使される超絶的なパワーやパフォーマンスも望ましいものである。くわえて、厄除けや悪魔祓いの類はお手のものだ。来訪神は悪を退け、善をもたらす道徳的な存在でもあるのだ。

これまで「来訪神」と抽象的に括ってきたが、各地での呼称はさまざまである。秋田のナマハゲ、甑《こしき》島《じま》のトシドンをはじめ、本書ではその多くをカタカナで表記している。鳥取のホトホトや福岡のトビトビのようにオノマトペ(擬音語)が頻出するのも特徴の一つだ。とはいえ、国東《くにさき》半島のケベスのように意味不明の名称がないわけではない。呼称に共通するのは、それぞれの名前に味わいがあって、親しみが感じられることである。

ところで、来訪神は民俗学では次のように定義されている。「異界からこの世へ定期的に現れ来たる神」であり、仮面仮装する場合もあれば、神歌《かみうた》の中で来訪を暗示させる形態もあり、祖霊信仰や年神の枠組みで捉えられることが多く、歓待と畏怖を伴って迎えられる(『日本民俗大辞典 下』吉川弘文館、二〇〇〇)。しかし本書では、著者はもう少し広義に受け止めている。たとえば佐賀県の七福神の来訪のように日本伝来ではない面々がいたり、鹿児島のカセダウチのごとく疫病神《やくびょうがみ》や貧乏神が含まれていたりするからだ。沖縄のミルクも仏教の弥勒《みろく》のイメージに影響を受けている。また、鬼や獅子、人形のつくりものなど、狭義には来訪神とはみなされない存在も含まれている。しかし、役割としては招福除災のために訪れる神的存在として、一脈通じあっているところがある。本書は民俗学の専門書ではないので、そのあたりは大目に見てほしい。

来訪神について民俗学のほうでは柳田國男《やなぎたくにお》や折口《おりくち》信夫《しのぶ》をはじめとする研究者たちが小正月や異人《まれびと》に注目してきたし、民族学のほうでも岡正雄などが根茎栽培とむすびつけて論じてきた。わたしが直接かかわった国立民族学博物館(通称、民博《みんぱく》)の日本展示でも、来訪神としてはナマハゲを筆頭にトシドン、薩摩の弥五郎どん、沖縄のアンガマの夫《め》婦神《おとがみ》などを挙げることができる。現地に行かずとも民博に足を運べば、来訪神の一群に会うことができる。

近年の来訪神への関心はユネスコの無形文化遺産への登録によるところが大きい。というのも二〇一八年、日本の十件の重要無形民俗文化財で構成された「来訪神 仮面・仮装の神々」がユネスコに認められたからである。とはいえ、本書は無形文化遺産の普及に寄与することを目的とはしていない。また、祭礼や行事をとおして地域の活性化をはかるものでもない。むしろ、来訪神に込められた精神性や芸術性に著者がある種の感動を覚えたからではないだろうか。それが著者のイラスト付きの解説から受けたわたしの第一印象である。そして狭義の来訪神にこだわらず、その周辺的存在にも関心を広げていったように思われる。

わたし自身もアマゾンの奥地で来訪神に出会ったことがある。トゥクリメという名前をもつ精霊で、村で病人が相次いだときなどに森からやってくる。実際はシャーマンたちが異形の存在に扮してかわるがわる踊りの輪に加わり、人々に霊力を付与するのだが、考えてみればこれも招福除災の来訪神にほかならない。こちらは民族由来の想像力に根ざした生きた伝承であり、文化遺産などではまったくない。日本の来訪神はユネスコの無形文化遺産に登録されることで何を得て、何を失ったのだろうか。おそらく著者はイラストを描きながらそれを反芻してきたにちがいない。わたしもまた本書がそうしたことを考える格好の契機になることを願ってやまない。

【参考文献】

◆『来訪神事典』平辰彦／著（新紀元社）
◆『奇祭巡礼』北條秀司／著（淡交社）
◆『日本全国お祭りさがし』さの昭／著（今日の話題社）
◆『日本の祭り歳時記』芳賀日出男／写真・監修、講談社／編（講談社）
◆『秋田の祭り・行事』秋田県教育委員会／編（秋田文化出版）
◆『大人の探検 奇祭』杉浦幸徳／著（有楽出版社）
◆『奇妙な祭り』杉浦幸徳／著（角川書店）
◆『日本再発見 芸術風土記』岡本太郎／著（KADOKAWA）
◆『岡本太郎の東北』岡本敏子、飯沢耕太郎／監修、岡本太郎／写真・文（毎日新聞社）
◆『都道府県別にっぽんオニ図鑑』山崎敬子／文、スズキテツコ／絵（じゃこめてい出版）
◆『日本トンデモ祭 珍祭・奇祭きてれつガイド』杉浦幸徳／著（美術出版社）
◆『とんまつりJapan 日本全国とんまな祭りガイド』みうらじゅん／著（集英社）
◆『まれびと』石川直樹／著ほか（小学館）
◆『パーントゥ』奥村達也／著（七雲）
◆『HATERUMA 1965 re:version2 風習編』
コルネリウス・アウエハント、静子・アウエハント／写真・文（Nansei）
◆『田舎館村誌 上巻』田舎館村（青森県）／著（田舎館村）
◆『岩出山町史 民俗生活編』岩出山町史編集委員会（岩出山町）
◆『ナマハゲ その面と習俗（男鹿半島史 別巻）』日本海域文化研究所／編（日本海域文化研究所）
◆『無形民俗文化財遊佐のアマハゲ』遊佐町教育委員会／編（遊佐町教育委員会）
◆『「秋田市豊岩のやまはげ」調査報告書 石田坂・居使・中島・前郷・小山』
秋田市民俗芸能伝承館／編（秋田市民俗芸能伝承館）
◆『月刊文化財 平成11年12月号 435』文化庁文化財保護部／監修（第一法規出版）
◆『遠山霜月祭 南信濃②（木沢地区編）』飯田市美術博物館／著（飯田市美術博物館）
◆『「共同研究」兆・応・禁・呪の民俗誌』常光徹／著（国立歴史民俗博物館）
◆『能登のアマメハギ 輪島の面様・年頭 重要無形民俗文化財』
輪島市面様年頭編集委員会／編（輪島市教育委員会）
◆『説話・伝承学 第12号』（説話・伝承学会）
「奥能登の大戸の習俗―アマメハギ・アエノコトの事例を中心に」横畑真裕美
◆『目で見る日置・いちき串木野の100年』原口 泉／監修（郷土出版社）
◆『鹿児島県の祭り・行事 かごしまの祭り・行事調査事業報告書』
鹿児島県教育庁文化財課／編（鹿児島県教育委員会）
◆『南日本の民俗文化誌2（鹿児島の棒踊り）』下野敏見／著（南方新社）
◆『鹿児島民俗ごよみ』南日本新聞社／編（南方新社）
◆『目で見る奄美の100年』楠田豊春／監修（郷土出版社）
◆『日置八幡神社デオドン（大王殿）再生事業調査研究報告書』森田清美／編
（日置八幡神社デオドン再生事業実行委員会）
◆『昔話伝説研究 第25号』（昔話伝説研究会）「『トシドン』と首なし馬伝承」永吉慶子
◆『昔話伝説研究 第34号』（昔話伝説研究会）「身体欠損のある馬の怪異 首切れ馬を中心に」永島大輝
◆『民俗學研究 第36巻3号』（日本民族学会）「沖縄のミルク神」宮田 登
◆『地域文化論議 第9号』（沖縄国際大学大学院文化研究科）
「沖縄のミルク神に関する研究 ―分布と仮面仮装について」城間義勝
◆『伝統と文化』第26号（ポーラ伝統文化振興財団）「ふるさとのまつり 波照間島のムシャーマ」大城 學

（敬称略）その他、関係する神社仏閣、地域の観光協会等の刊行物などを参考にさせていただきました。

著者紹介

フランそあ根子

神さま愛好家、イラストレーター、不思議系絵描き・文章書き。多摩美術大学絵画科卒業。幼い頃より怪しいものや神秘的なものを好む。企業のデザイン部に勤務後、2008年よりフリーランス。2015年頃より日本の「来訪神」に傾倒、現地に取材に行くほど虜になる。本書では、日本の来訪神のなかでも、特に魅力的だと思った神さまを独自の選択で取り上げた。
WEBサイト「フランそあ根子の部屋」=http://furansoaneko.jimdo.com/

監修者紹介

中牧弘允

1947年、長野県生まれ。国立民族学博物館・総合研究大学院大学名誉教授。吹田市立博物館特別館長。専攻は宗教人類学、経営人類学。著書に『日本の祭――祭のサウンドスケープ』(丸善)、『カレンダーから世界を見る』(白水社)、ほか多数。国立民族学博物館で「日本の祭りと芸能」の常設展示を担当した。

一年《いちねん》に一度《いちど》しか会《あ》えない
日本《にほん》の「来訪神《らいほうしん》」図鑑《ずかん》

2024年2月29日　第1刷

著　者　フランそあ根子《ねこ》
監修者　中《なか》牧《まき》弘《ひろ》允《ちか》
発行者　小澤源太郎

責任編集　株式会社プライム涌光
電話　編集部　03(3203)2850

発行所　株式会社青春出版社
東京都新宿区若松町12番1号 〒162-0056
振替番号　00190-7-98602
電話　営業部　03(3207)1916

印刷　三松堂　　製本　大口製本

万一、落丁、乱丁がありました節は、お取りかえします。
ISBN978-4-413-23319-4 C0039